한 권으로 끝

훈민정음

해설사
자격시험

교육학박사 박재성 편저
사단법인 훈민정음기념사업회 인증

가나북스

한 권으로 끝내는
훈민정음 해설사 자격시험

발 행 일 | 2024년 4월 5일
편 저 자 | 박재성
발 행 인 | 배수현
표지디자인 | 유재헌
내지디자인 | 천현정
펴 낸 곳 | 가나북스 www.gnbooks.co.kr
출판등록 | 제393-2009-000012호
주　　소 | 경기도 파주시 율곡로 1406
전　　화 | 031)959-8833(代)
팩　　스 | 031)959-8834

ISBN 979-11-6446-096-0(13710)

머리말

6백여 년 전 새로운 문자가 동방의 작은 나라에서 섬광처럼 《훈민정음》이라는 이름으로 우리 곁에 다가왔다.

세종대왕이 우리 민족에게 하사한 위대한 선물 《훈민정음》은 그야말로 역사를 통째로 갈아엎는 거대한 파도였다. 그 일은 가히 문자혁명이었고, 세기의 대변환이었으며, 우리 민족의 변치 않는 태양 빛을 얻게 된 불후의 금자탑이었다.

기하학적이고 단순명료하며, 과학적이면서 내적 질서가 정연하고, 우주의 이치를 담은 선명한 글꼴 구조. 이러한 특성이 있는 훈민정음의 모습은 바로 우리 한민족에 대한 자존심을 세우려는 자각이었다.

《훈민정음》이라는 이름에는 백성을 어여삐 살피는 긍휼한 마음이 깔려있고, 백성을 사랑한다는 고백이며, 우리 말이 중국과 다름을 뼈저리게 인식한 문화적 주체성을 천명한 고고한 뜻이 담겨있다. 조선 초기 엄청난 한자 문화의 중력 속에서 백성을 위한 보다 쉬운 새로운 문자 스물여덟 자를 창제해내었다는 사실은 충격이자 기적 같은 일이었다.

쉽고 간명하며 체계적인 문자 《훈민정음》, 스물여덟 자 밖에 안되는 그것은 무궁무진한 작용성을 발휘하는 전대미문(前代未聞)의 문자혁명이었다.

지금을 살아가는 우리는 세계에서 가장 자랑할 수 있는 문화적 자산인 《훈민정음》의 원리를 찬란한 역사 속에서 살아 숨 쉬게 하려면 전통을 계승해야 한다. 그래서 《훈민정음》이 시대를 넘나드는 상상력의 불꽃이 번뜩이는 문화적, 실험적, 전위적, 통변적, 소프트웨어로서의 장점이 있다는 것을 바르게 알리는 훈민정음 해설사를 양성하고자 「훈민정음 해설사」자격시험 예상문제집을 내놓으면서 이 책이 「훈민정음 해설사」의 이정표가 되기를 기대한다.

또한, 이 책을 통해서 오랜 실록의 흔적이 가늘지만 도도한 강물처럼 흘러온 역사를 통해 잊을 수 없는 이름 《훈민정음》이 가진 당돌함과 생명력 있는 미의식과 자긍심이 담긴 창작 의식이 미래에도 면면히 살아 숨 쉬도록 시간의 배를 타고 시간이 걸리더라도 한없이 과거로의 여행을 떠날 수 있는 「훈민정음 해설사」가 많이 배출되기를 희망한다.

사단법인 훈민정음기념사업회

이사장 교육학 박사 **박재성**

이 책의 특징

1. 《훈민정음 해례본》이 약 500여 년의 시공을 초월하여 우리 앞에 나타나게 된 배경과 훈민정음 해례본에 관한 숨은 이야기 및 기초 상식을 간략하게 정리하여 흥미 있게 읽을 수 있도록 기술하였다.

2. 이 책은 《훈민정음 해례본》의 본문과 동일하게 행마다의 글자에 맞춰서 가독성을 높였다.

3. 《훈민정음 해례본》본문의 해석은 원문과 같이 행에 맞추어 축자식[1]으로 누구나 쉽게 이해할 수 있도록 현대어로 해석하였다.

4. 《훈민정음 해례본》의 원문에 쓰인 표기법과 자모음의 글꼴은 창제 당시의 표기법으로 편집하여 역사성과 학술적 가치를 보존할 수 있도록 심혈을 기울였다.

5. 본문의 해석문에서 이해하기 어려운 한자어는 (   )안에 한자를 병기하였다.

6. 《훈민정음 해례본》의 원본에 쓰인 한자 중 속자 혹은 약자는 모두 원형을 유지하고 별도로 부록에 속자·이체자를 정자체와 비교할 수 있도록 정리하여 훈민정음 창제 당시의 한자 쓰임에 관한 연구에도 활용될 수 있도록 하였다.

7. 《훈민정음 해례본》에 사용된 전체 한자 수와 한자 별 사용 빈도를 분석한 자료를 한눈에 알아볼 수 있도록 부록에 제시하였다.

8. 《훈민정음 해례본》에 거론되는 인물 및 관련된 직책 등을 간략하게 소개하여 쉽게 이해할 수 있도록 편집하였다.

9. 내용 중 보충 설명이 필요한 용어는 각주(脚註)로 정리하여 이해를 돕도록 편집하였다.

10. 국보 제70호이자 세계기록문화유산으로 등재된 《훈민정음 해례본》과 세조 때 간행된 「언해 세종어제서문」을 누구나 쉽게 이해할 수 있도록 편집하였다.

---

1) 逐字式(쫓을 축, 글자 자, 법 식) : 글을 해석하거나 번역할 때에 원문의 글자 하나하나를 쫓아 그대로 하는 방식.

목 차

머리말 ·· 3

이 책의 특징 ··· 4

목차 ··· 5

◆훈민정음 상식

一. 세종대왕

　1. 개요 ··· 8

　2. 생애 ··· 8

　3. 업적 ··· 8

　4. 훈민정음 창제 ··· 9

二. 훈민정음 원본, 해례본, 언해본

　1. 원본 ··· 9

　2. 해례본 ··· 9

　3. 언해본 ··· 9

三. 훈민정음 해례본

　1. 개요 ·· 10

　2. 발견경로 ·· 11

　3. 국보 70호 훈민정음 해례본의 비밀 ···················· 12

　4. 해례본과 언해본에서 발견된 오자 ····················· 14

　5. 훈민정음 해례본 집필에 참여한 8학사 ················· 14

　6. 훈민정음 관련 기구 및 직제해설 ······················ 18

四. 훈민정음의 다른 이름

　1. 언문 ··· 21

　2. 암클·아햇글·가갸글 ······································ 21

　3. 배달말 ··· 21

　4. 조선글 ··· 22

　5. 한글 ··· 22

五. 훈민정음 창제 관련 기념일

　1. 가갸날 ··· 23

　2. 한글날 ··· 23

3. 조선글날 ··· 23

4. 조선어문자의 날 ······································· 24

5. 훈민정음의 날(안) ····································· 24

■ 훈민정음 해례본 해석

1. 훈민정음 해례본의 내용 구성 ···················· 28

2. 어제 서문 ·· 31

3. 본문(예의) ··· 31

4. 제자해 ·· 35

5. 초성해 ·· 49

6. 중성해 ·· 50

7. 종성해 ·· 52

8. 합자해 ·· 55

9. 용자례 ·· 59

10. 정인지 서문 ·· 61

11. 정인지 서문 풀이 ····································· 64

■ 훈민정음 언해본 어제 서문

◦ 훈민정음 언해본 세종어제 서문 해석 ············· 66

■ 특별수록

1. 훈민정음 해례본에 사용된 한자 및 한자어 분석 ········ 70

2. 부문별 빈도별 한자 수 ······························ 71

3. 속자 및 약자와 동자 정리 ·························· 72

4. 훈민정음 해례본 전체 한자 훈음 및 빈도수 ········ 73

■ 예상문제와 정답

1. 훈민정음 해설사 자격시험 예상문제 ············· 80

2. 훈민정음 해설사 자격시험 예상문제 정답 ········ 125

■ 기출문제와 정답

1. 훈민정음 해설사 자격시험 기출문제 ············· 131

2. 훈민정음 해설사 자격시험 기출문제 정답 ········ 143

훈민정음 상식

一. 세종대왕

1. 개요

조선의 제4대 국왕(재위 1418~1450)으로 1397에 출생하여 1450년에 서거하였다. 묘호는 세종(世宗), 시호는 장헌영문예무인성명효대왕(莊憲英文睿武仁聖明孝大王), 휘는 도(裪), 자는 원정(元正), 아명은 막동(莫同, 막내)이였다.

고려에서 신하로 일하다가 왕위에 오른 세 선왕, 태조, 정종, 태종과 다르게 조선 시대에 조선 사람으로 태어나 왕위에 오른 첫 임금이다.

2. 생애

조선의 제3대 왕인 태종의 셋째 아들로 1408년(태종8) 충녕군, 1412년(태종12) 대군, 1418년(태종18) 왕세자에 책봉됐다. 그리고 동년 8월에 22세의 나이로 태종으로부터 왕위를 양위 받아 즉위하였다. 이는 주상이 장년이 되기 전까지 군사 문제는 직접 결정하고 국가에 결단하기 어려운 일이 있을 때마다 정부와 6조, 상왕이 함께 의논한다는 조건부 양위이긴 했지만 전격적인 결단이었다. 1422년 태종이 승하하고 재위 4년 만에 전권을 행사하게 된 세종은 태종이 만들어 놓은 정치적인 안정 속에서 자신의 학문적 역량을 마음껏 펼치기 시작한다. 세종은 정치·경제·국방·문화 등 다방면에 훌륭한 치적을 쌓아 수준 높은 민족문화의 창달과 조선 왕조의 기틀을 튼튼히 하였다. 이와 같은 지칠 줄 모르는 열정으로 여러 가지 병에 시달리는 가운데서도 정사와 학문을 게을리하지 않았고, 1450년 향년 52세로 승하하였다.

3. 업적

인재를 고르게 등용하여 이상적 유교정치를 구현한 왕으로, 훈민정음을 창제하고 측우기 등의 과학기구를 제작하여 백성들의 생활에 실질적으로 도움이 되는 문화정책을 추진했다. 또한 조선 세종 시기는 정치적으로도 안정되어 정치·경제·사회·문화 등 전반적인 기틀을 잡은 시기였다. 세종은 외국 문화를 참조하면서도 민족문화를 독자적으로 발전시키는데 진력하여, 민족 역사상 가장 찬란한 시대를 열었다. 특히 조선시대 왕 가운데 가장 뛰어난 능력을 가졌고, 많은 업적을 남겼다는 평가를 받고 있다.

4. 훈민정음 창제

세종대왕은 백성들이 말은 할 수 있어도 글을 알지 못하는 것을 안타깝게 여겨 1443년(세종25) 12월 우리의 고유문자이며 표음문자인 훈민정음을 창제하고, 1446년에 반포한다. 17자의 자음과 11자의 모음인 28자로 구성된 훈민정음의 창제와 반포에 대해 당시 많은 반대가 있었지만, 세종대왕은 훈민정음으로 된 최초의 노래인《용비어천가》를 비롯해《석보상절》,《월인천강지곡》등 여러 종류의 책을 펴내 훈민정음을 장려했다.

二. 훈민정음 원본, 해례본, 언해본

1. 원본

훈민정음 원본은 한문 서적이다. 당연하게도 훈민정음 창제 당시 모든 문자 생활은 한자를 사용하고 있었던 탓에 한문으로 훈민정음을 해설할 수 밖에 없었기 때문이다.

2. 해례본

세종대왕 때 간행한 최초의 원본과 동일한 훈민정음의 판본이다. 이에 '훈민정음 원본'이라고 불리기도 하나, 다만 현재 남아 있어 대한민국의 국보 겸 유네스코 기록유산으로 지정된 훈민정음 간송본 역시 세종 연간에 발행된 첫 판본으로 보기는 어렵기에, 역사학계에서는 '원본'이라고 부르지는 않고 '훈민정음 해례본'이라고 부른다. 해례(解例)란, 훈민정음을 어떻게 만들었는지, 문자 창제 과정을 종합해 기록하였다는 의미이다.

3. 언해본

언해본은 세조 때 간행되었는데, 한문으로 기록된 훈민정음 원본을 훈민정음을 이용해 당시 쓰이던 조선어로 옮긴 책이라고 해서 언해본(諺解本)이라고 한다. 언해본에는 훈민정음의 제자 원리를 기록한 부분이 누락 되어 있어서 일제 강점기까지만 하여도 해례본이 발견되기 전에는 "조선 문자 자모는 한옥 창살을 보고 만든 것"이라는 등 온갖 억측이 난무했다.

해례본이 발견됨으로써 훈민정음의 자음은 인체의 발음기관을 본뜬 것이고, 모음은 천지인

삼재[2]를 음양오행의 원리에 따라 배치해 만들었다는 것이 비로소 밝혀지게 되었다.

현재 전해지는 것 중 가장 오래된 판본은 1459년(세조 5년)에 발간된 《월인석보[3]》의 권두에 수록된 것이다. 세종대왕의 서문, 본문(예의) 부분이 수록되어 있고, 해례본에 있는 제자해는 수록되어 있지 않다.

'한문(+현토[4])+언해'의 방식으로 쓰여 있는데, 우리에게 익히 알려진 '나랏말ᄊᆞ미…'도 언해본에 한글로 수록된 서문의 첫 구절이다. 흔히 훈민정음의 모습을 떠올릴 때 연상되는 책이라고 할 수 있다.

三. 훈민정음 해례본

1. 개요

책 이름을 글자 이름인 훈민정음과 똑같이 '훈민정음'이라고도 하고, 해례가 붙어 있어서 '훈민정음 해례본[5]' 또는 '훈민정음 원본'이라고도 한다. 훈민정음 해례본은 훈민정음의 자음과 모음을 만든 원리와 용례를 상세하게 풀이한 글로, 세종이 직접 서문을 쓰고 정인지 등의 신하들에게 글자에 대한 설명을 적게 했다. 집필자들은 정인지·신숙주·성삼문·최항·박팽년·강희안·이개·이선로 등 집현전 8명의 학자들이다.

1) 반포시기 : 정통 11년(1446) 9월 상한(上澣 : 초하루에서 초열흘까지의 기간)

---

2) 三才(석 삼, 재주 재) : 우주와 인간 세계의 기본 구성 요소이자 그 변화의 동인으로 작용하는 하늘, 땅, 사람을 통틀어 이르는 유교 용어이다. 삼극(三極), 삼원(三元), 삼의(三儀), 삼령(三靈)이라고도 한다.

3) 月印釋譜(달월, 도장인, 풀 석, 계보 보) : 조선 제7대 왕 세조가 재위 5년 되던 해인 1459년에 선대왕인 세종의 「월인천강지곡」과 자신이 지은 「석보상절」을 합편하여 간행한 불교 서적으로 세종의 훈민정음 반포 당시에 편찬, 간행되었던 「월인천강지곡」을 세조 때 다시 편집하였기 때문에, 초기의 훈민정음 변천을 살피는 데 있어서 중요한 가치를 지닌다.

4) 懸吐(매달 현, 토할 토) : 한문 문장에 우리말의 토를 달아놓는 표기법으로, 한문을 읽을 때에 그 뜻을 깨닫기 쉽게 하거나 독송을 위하여 고안된 방법이라고 할 수 있다. 보통의 경우 붙여쓰기의 형태로 적혀 있는 한문 문장을 보다 원활하게 이해하기 위해 문장과 문장 사이, 혹은 문장 안의 구절이 끝나는 곳에 우리말의 조사를 붙여 토를 다는 것을 지칭한다. 한자의 일부를 따서 한문의 구절 끝에 다는 우리말 식의 토인 '구결'이나 한자의 음과 뜻을 빌어서 우리말을 적는 표기체계인 '이두'와 달리, '현토'는 한문 체언에 붙는 우리말 조사와 한문 어간 뒤에 붙는 우리말 어미라고 볼 수 있다. 결국 '현토'는 '문어(文語)'인 한문을 '구어(口語)'인 우리말의 특성에 맞추어 의미를 용이하게 해석하기 위한 방법 가운데 하나이다.

5) 훈민정음 원본이라고도 하며 국보 제70호로 지정되었고, 1997년 10월 유네스코 세계기록유산으로 등록되었다. 현재 해례본은 1940년 안동에서 발견된 간송본과 2008년 상주에서 발견된 상주본 2부가 존재한다. 훈민정음 상주본은 훈민정음 해례본의 일종으로 2008년 상주에서 훈민정음 해례본이 새로 발견되면서 이같이 불린다. 상주본이 나타나기 전까지 현존하는 유일한 해례본은 간송본이었다. 상주본은 간송본과 달리 보존상태도 좋고 뒷면에 낙서가 없어 내용이 잘 보이며, 책 여백에 훈민정음 관련 주석이 적혀 있어 학술 가치가 매우 높다고 평가된다.

2) 권수/책수 : 전권 33장 1책

3) 규격 : 광곽(匡郭)은 가로 16.8㎝, 세로 23.3㎝이고, 본문(예의) 부분은 4장 7면으로 면마다 7행에 매행 11자, 해례 부분은 26장 51면 3행으로 면마다 8행에 매행 13자, 정인지의 서문은 3장 6면에 한 자씩 낮추어서 매행 12자로 되어 있다.

4) 소장처 : 간송미술관(澗松美術館 : 서울특별시 성북구 성북로 102-11)

2. 발견경로

1) 원소장자

현존본「훈민정음」은 세종대왕이 강화도호부사로 재직하였던 '김수'에게 백성 훈육용으로 내린 서책으로 경상북도 안동시 와룡면 가야리의 광산 김씨 안동 종가 긍구당의 세전가보(世傳家寶)였다.

2) 유출경로

1939년 이용준은 자신의 처가인 광산 김씨 안동 종가의 긍구당 서고에 보관되어 있던 가보인 매월당집 등을 비롯하여 훈민정음 해례본을 처가 몰래 취하여 안동의 자택에서 보관하고 있었다.

1940년 여름 이용준은 은사인 한문학자이자 국문학자인 김태준[6]에게 훈민정음 해례본의 존재를 처음 알렸는데, 김태준은 이용준의 자택에서 훈민정음 해례본을 확인하고 긍구당 직인이 찍힌 첫 장은 찢어내고 문화재 수집가 간송 전형필[7]에게 구매 의사를 타진했다고 한다.

3) 매입 비사

그동안 훈민정음의 행방을 애타게 기다려온 간송은 일제의 감시 위험을 무릅쓰고 곧바로 은행으로 달려가 11,000원을 찾아서 훈민정음 해례본을 인수했다. 그런데 당시 이용준이 제시한 훈민정음 해례본의 최초 판매가는 천원이었으나 원래 문화재의 가치를 정확히 치르는 것으로 유명했던 간송은 훈민정음 해례본의 문화재 가치에 비해서 이용준이 요구한 금액이 너무 적다

---

6) 김태준(金台俊, 1905 ~ 1949) 호는 천태산인(天台山人)이다. 평안북도 운산 출신으로 경성제국대학을 졸업하고 일제강점기 때 활동한 공산주의 계열 독립운동가다. 한문학자이자 국문학자이다. 한국 문학사의 기초를 닦은 연구자였다.

7) 전형필(全鎣弼, 1906.7.29 ~ 1962.1.26) 호는 간송(澗松)이다. 서울특별시에서 태어났다. 훈민정음 원본 등의 문화재를 수집하고, 일본으로 유출된 문화재들을 되찾아와 1938년 조선 최초의 근대사립미술관인 보화각을 세웠는데 전형필 사후 간송미술관으로 개편되었다.

고 생각하여 10배인 1만 원을 지불하고, 해례본을 소개한 국문학자 김태준에게는 따로 1천원을 지불했다. 간송이 이용준에게 지불한 책값은 당시 서울의 기와집 10채를 살 수 있는 거액이었고 오늘날 물가로 환산하면 30억원에 이른다고 한다.

4) 국보지정과 세계기록유산 등재

연산군의 탄압 이후 수백 년 동안 종적을 감췄던 훈민정음 해례본을 매입한 간송은 조선말과 글의 사용을 금지하고 국어학자들을 탄압하던 일제가 어떤 짓을 할지 몰랐기 때문에 광복을 맞을 때까지 해례본의 존재를 철저히 감췄다.

해방이 되면서 당당하게 훈민정음 해례본의 존재를 공개함에 따라서 그동안 학자들 사이에 논란이 일었던 훈민정음 창제원리가 밝혀지게 되었다. 1946년에는 조선어학회 간부들을 초대해 영인본을 만들도록 허락했다.

3. 국보 70호 훈민정음 해례본의 비밀

1) 낙장 소실

간송 전형필이 거금 일만원을 주고 입수한 훈민정음 해례본은 불행하게도 맨 앞부분 어제서문(御製序文) 두 장, 4쪽 분량이 낙장 소실[8]되어 있었다.

그러나 전형필에게 넘기기 전, 김태준 교수와 제자 이용준은 판매가 목적이었기 때문에 낙장 사실을 공개하지 않은 채 원본인 것처럼 보이도록 은밀하게 보수했다.

2) 보수 방법

   ① 종이 : 남아 있는 고색창연한 원본과 유사하게 만들려고 한지는 소죽솥에 삶아 누런색을 띠게 만들고 원본 고서처럼 비슷하게 재단해 꿰맸다.

   ② 글씨 : 선전(鮮展)에 입선한 서예가로 안평대군체(安平大君體)에 조예가 있던 이용준이 맡았다. 이처럼 당시 보수작업에 상당히 공을 들인 탓에 보수한 것은 2장이 아니라 1장뿐이라는 착각을 오랫동안 불러일으켰다.

   ③ 오자 : 낙장 부분을 최초 복원한 과정에서 이용준의 미숙함으로 세종어제서문의 끝 자 '

---

8) 연산군의 언문책을 가진 자를 처벌하는 언문정책 때문에 부득이 앞의 두 장을 찢어내고 보관하였기 때문에 낙장되었다는 설이 있다.

耳'가 '矣'로 되는 등 오자로 기록되어 전해지고 있다.[9]

3) 간송본

1962년 12월 20일 이 간송본 훈민정음 해례본은 세종대왕의 서문 부분을 포함한 2장의 위작 부분까지도 국보의 지정범위에 포함돼 대한민국의 국보 제70호로 지정되어 현재에 이르고 있다. 이후 1997년 10월에 대한민국의 유네스코 세계기록유산으로 등재됐다.

정인지를 포함한 8명의 집현전 학자들이 1446년 음력 9월에 작성한 '훈민정음 해례본'이라는 서책이 등재되어 있는데, 절대 문자 체계인 세종대왕이 1443년 음력 12월에 창제한 '훈민정음' 그 자체가 세계기록유산으로 등재되었다고 대다수 국민들은 오해하고 있다.

국보 제70호로 지정된 훈민정음 해례본은 현재 서울 성북구 성북동의 간송미술관에 소장돼 있어 '간송본'이라고 불린다.

4) 상주본

2008년 7월 간송본과 똑같은 훈민정음 해례본 진본이 경북 상주에서 발견됐다는 소식이 알려져 세상을 놀라게 했는데 이것을 상주본이라고 한다. 고서 수집가 배익기 씨가 집수리를 위해 짐을 정리하다가 발견했다며 안동 MBC에 제보한 것이다. 한 달 뒤 골동품상 조 모 씨(2012년 사망)가 "이는 경북 안동시 광흥사 나한상 안에 들어 있던 복장유물[10]인데, 1999년 문화재 도굴범이 내게 팔아넘긴 것을 배 씨가 훔쳐 갔다"고 주장해 소유권 다툼이 벌어졌다. 상주본은 지금까지 행방이나 존재의 유무가 확인되지 않고 있다.

---

9) 1983년 안춘근의 논문에서 주장된 내용으로 2006년 작고한 안 교수는 위 논문 말미에 유언적인 말을 남겼다. "처음 두 장의 낙장을 제대로 복원도 하지 않고 약 50년 전(1940)의 잘못된 보사(補寫)를 그대로 이용함은 부끄러운 일이다. 이 시안은 완전한 것이 아니다. 앞으로 활발한 논의로써 수정되고 보완되어야 할 것이다. 그러나 적어도 지금의 보사보다는 잘못이 적으리라 믿는다. 완전한 복원이 이루어지기까지는 이 시안이 해례본의 이용과 복제에서 참고되기를 바란다."

10) 腹藏遺物(배 복, 감출 장, 끼칠 유, 물건 물) : 불상을 만들 때, 가슴 안쪽에 넣는 유물. 금·은·칠보와 같은 보화나 서책 따위가 있다.

4. 해례본과 언해본에서 발견된 오자

【그림1】

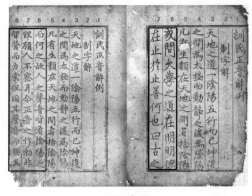

【그림2】

1) 【그림1】은 원안의 글자는 耳로 쓰여 있어야 하지만 矣로 잘못 쓰여있다.

본래 귀를 뜻하는 '耳'자는 고문에서 종종 '~일 뿐이다'나 '~일 따름'과 같은 어조사로 쓰이곤 했다.

2) 【그림2】는 왼쪽과 오른쪽이 비슷한 내용으로 되어 있다. 더 자세히 보면 다음 몇 가지의 오류를 발견할 수 있다.

첫째, 왼쪽은 8줄로 구성되어 있으나, 오른쪽은 7줄로 되어 있다.

둘째, 오른쪽 면의 네모 안의 내용은 훈민정음과 전혀 무관한 『대학』句가 조잡한 서체뿐만 아니라 내용도 엉터리로 쓰여 있다.(왼쪽 면 네모 안 참조)

5. 훈민정음 해례본 집필에 참여한 8학자

1) 정인지(鄭麟趾) 1396년(태조 5)~1478년(성종 9)

본관은 하동. 자는 백저, 호는 학역재이고, 병조판서, 좌의정, 영의정부사 등을 역임한 문신으로 유학과 전고에 밝아 조선 초기의 대표적 유학자의 한 사람으로 추앙되었다. 비록 큰 정치력은 발휘하지 못했으나 세종~문종대에 국왕의 신임을 받으면서 문한을 관장하고 역사·천문·역법·아악을 정리하였다. 이와 아울러 훈민정음 창제에도 참여하는 등 문풍 육성과 제도 정비에 기여하였다.

1418년(세종 즉위년) 8월 병조좌랑을 거쳐 1421년(세종 3)에는 상왕[태종]의 "대임을 맡길만

한 인물이니 중용하라.”는 요청과 함께 병조정랑에 승직되었다. 이후 세종의 신임을 받으면서 이조·예조의 정랑을 역임하였다. 1424년 집현전관에 뽑히면서 응교에 제수되고, 직전에 승진되었다.

단종~성종 초에는 학덕을 구비한 원로대신으로서의 풍도를 지킴으로써 빈번한 정변과 어린 국왕의 즉위로 인한 경직되고 혼란된 정치 분위기와 민심을 진정시키는 데 크게 기여하였다. 저서로 『학역재집』이 있다. 시호는 문성이다.

2) 최항(崔恒) 1409년(태종 9)~1474년(성종 5)

본관은 삭녕. 자는 정보, 호는 태허정·동량으로 우의정, 좌의정, 영의정 등을 역임한 문신이고 학자이다. 1434년(세종 16) 알성문과에 장원으로 급제, 집현전부수찬이 되었다. 이 해 『자치통감훈의』의 편찬에 참여했으며, 이어 박팽년·신숙주·성삼문 등과 같이 훈민정음 창제에 참여하였다.

1444년 집현전교리로서 『오례의주』를 상정하는 일에 참여했으며, 같은 해 박팽년·신숙주·이개 등과 함께 『운회』를 언문으로 번역하였다.

1445년 집현전응교로서 『용비어천가』를 짓는 일에 참여하고, 이어 『동국정운』·『훈민정음해례』 등을 찬진하였다. 1447년 문과중시에 5등으로 급제, 집현전직제학 겸 세자우보덕에 임명되었다. 그 당시 세종은 세자(뒤의 문종)로 하여금 섭정하게 했는데 이 때 서연관으로서 정치에 보좌함이 컸다.

3) 박팽년(朴彭年) 1417년(태종 17) ~ 1456년(세조 2)

본관은 순천. 자는 인수, 호는 취금헌. 회덕 출신으로 사육신의 한 사람이고, 충청도 관찰사, 형조참판 등을 역임한 문신이다.

집현전 학사로서 세종과 문종의 깊은 총애를 받았을 뿐 아니라, ‘집대성’이라는 칭호를 받았다는 기록으로 보아 경국제세의 명문이 많았을 것으로 추측된다. 그러므로 문집이 전하지 않음은 매우 안타까운 일이 아닐 수 없다.

단종이 왕위를 잃게 되자, 두 임금을 섬길 수 없다는 대의를 위해 눈앞에 기약된 영화와 세조의 회유책을 감연히 거절하고 죽음과 멸문의 길을 서슴없이 걸어왔으니, 이와 같은 높은 절의는 오늘날까지 온 국민의 숭앙의 대상이 되고 있다.

묘는 서울 노량진 사육신 묘역에 있다. 묘에는 그저 박씨지묘라는 글만 표석에 새겨져 있다. 그

이유에 대해 허적은 "성삼문 등 육신이 죽은 뒤에 한 의사가 그들의 시신을 거둬 이곳 강남(노량진) 기슭에 묻었으며, 무덤 앞에 돌을 세우되 감히 이름을 쓰지 못하고 그저 '아무개 성의 묘'라고만 새겨놓았다."라고 설명하고 있다.

4) 신숙주(申叔舟) 1417년 8월 2일 ~ 1475년 7월 23일

본관은 고령, 자는 범옹, 호는 희현당 또는 보한재이고, 조선 전기의 성리학자·문신·정치가이며 언어학자, 외교관이다.

집현전 수찬을 지내면서 그는 세종의 뜻을 받들어 훈민정음 창제와 연구에 심혈을 기울였다. 그는 세종의 명으로 성균관 주부인 성삼문 등과 함께 당시 죄를 짓고 만주의 요동에 귀양을 와 있었던 명나라의 한림학사 황찬을 만나 음운론과 인간의 발음, 언어에 대한 주요한 지식을 얻었고, 이후 13번이나 요동과 조선을 직접 왕래하면서 황찬을 찾아가 음운과 어휘에 관한 것을 의논하였다. 신숙주는 당대 최고의 언어학자였던 황찬이 그의 뛰어난 이해력에 감탄할 정도로 총명한 인물이었다.

그는 이두는 물론 중국어·일본어·몽골어·여진어를 두루 구사하였는데, 훈민정음을 연구하는 과정에서 이들 언어를 비교 분석하고 조선인의 발음과 비교 분석하여 유사점과 차이점을 가려냈으며 천부적인 재능으로 세종대왕이 기획했던 말글 정책을 충실히 보필하였으며, 세종대왕이 1443년(세종 25)에 창제한 훈민정음의 해설서 집필에 참여하여 다른 일곱 학자와 함께 1446년(세종 28) 9월에 훈민정음 해례본 편찬을 완료하였다.

5) 성삼문(成三問) 1418년(태종 18) ~ 1456년(세조 2)

본관은 창녕. 자는 근보, 호는 매죽헌이고, 충청남도 홍성 출신이며, 홍문관수찬, 예조참의, 예방승지 등을 역임한 문신으로 사육신의 한 사람이다.

1435년(세종 17) 생원시에 합격하고, 1438년에는 식년 문과에 정과로 급제했으며, 1447년에 문과 중시에 장원으로 다시 급제하였다. 집현전학사로 뽑혀 세종의 지극한 총애를 받으면서 홍문관수찬·직집현전으로 승진하였다.

세종이 훈민정음 28자를 만들 때 정인지·최항·박팽년·신숙주·이개 등과 함께 이를 도왔다. 특히 신숙주와 같이 명나라 요동을 여러 번 왕래하면서, 그곳에 유배 중인 명나라의 한림학사 황찬을 만나 음운을 질문하였다.

또한, 명나라 사신을 따라 명나라에 가서 음운과 교장 제도를 연구해와 1446년 9월 29일 역

사적인 훈민정음을 반포하는 데 큰 공헌을 하였다. 특히 세종의 훈민정음 창제에 크게 공헌한 것은 높은 절의에 뒤지지 않는 큰 업적이라 할 수 있다. 뒷날 남효온은 『추강집』의 육신전에서 대의를 위해 흔연히 죽음의 길을 택한 성삼문의 높은 절의를 기록, 후세에 전하였다.

6) 강희안(姜希顔) 1418년(태종 18) ~ 1464년(세조 10)

본관은 진주. 자는 경우, 호는 인재이고, 조선전기 호조참의, 황해도관찰사 등을 역임한 문신이다.

1441년(세종 23)에 식년문과에 정과로 급제해 돈녕부주부가 되었다. 1443년 정인지 등과 함께 세종이 지은 정음 28자에 대한 해석을 상세하게 덧붙였다.

1444년 최항·박팽년·신숙주와 함께 의사청에 나아가 언문으로 운회를 번역했고, 1445년에는 최항 등과 「용비어천가」의 주석을 붙였다.

1447년 이조정랑이 되었고, 같은 해 집현전 직제학 최항·성삼문·이개 등과 『동국정운』을 완성하였다. 1450년 왕이 위독하자 부지돈녕의 직에 있으면서 미타관음 등의 경문을 썼다. 1460년 호조 참의 겸 황해도 관찰사가 되었고, 1462년에 인순부윤으로서 사은부사가 되어 표·전을 받들고 명나라에 다녀왔으며, 1463년에 중추원부사가 되었다. 시와 글씨, 그림에 모두 뛰어나 '삼절'이라 불렸으며, 특히 전서·예서와 팔분에도 독보적인 경지를 이루었다.

7) 이개(李塏) 1417년(태종 17) ~ 1456년(세조 2)

본관은 한산. 자는 청보·백고, 호는 백옥헌. 제6대 임금 단종을 위해 사절한 사육신의 한 사람이다.

태어나면서 글을 잘 지어 할아버지인 중추원사 이종선의 유풍이 있었다. 1436년(세종 18) 친시 문과에 동진사로 급제하고, 1441년에 집현전 저작랑으로서 당나라 명황의 사적을 적은 『명황계감』의 편찬과 훈민정음의 제정에도 참여하였다.

1444년 집현전 부수찬으로서 의사청에 나가 언문으로 『운회』를 번역하는 일에 참여해 세종으로부터 후한 상을 받았다. 1447년 중시 문과에 을과 1등으로 급제하고, 이 해에 『동국정운』의 편찬에 참여하였다.

이개의 작품으로는 몇 편의 시가 전하는데 대표적인 것으로, "방안에 켜져 있는 촛불 누구와 이별을 하였기에 겉으로 눈물 흘리고 속 타는 줄 모르던가 저 촛불 나와 같아 속 타는 줄 모르는구나."라는 단가가 있다.

8) 이선로(李善老) ? ~ 1453년(단종 원년)

본관은 강흥이고 이선로는 초명으로 이현로(李賢老)라는 이름으로 역사에 기록되어 있다. 조선의 문신, 시인, 서예가, 서화가, 무예가이다.

1431년 생원시에 합격하였으며 1438년 식년문과에 을과 급제하여 집현전 교리로 등용되었고 세종, 문종, 단종에 걸쳐 세 임금을 섬겼으며 나중에는 조선 세종대왕의 셋째아들이자 성녕대군(誠寧大君, 세종 임금의 동복 아우)의 양자인 안평대군(安平大君)의 책사로도 활약했다.

1452년 9월 6일 수양대군이 자신의 부하들을 시켜 이현로를 야산으로 끌고 가서 폭행한 사건이 있었는데 이른바 이현로 폭행 사건이다.

이듬해 1453년 계유정난(癸酉靖難) 때 세종(1450년 붕어)의 둘째아들 수양대군(首陽大君, 훗날 세조)이 보낸 수하들의 손에 암살되었다.

6. 훈민정음 관련 기구 및 직제해설

1) 집현전(集賢殿)

①직제 : 영전사(領殿事, 정1품)·대제학(大提學, 정2품)·제학(提學, 종2품) 각 2인, 부제학(副提學, 정3품)·직제학(直提學, 종3품)·직전(直殿, 정4품)·응교(應敎, 종4품)·교리(校理, 정5품)·부교리(副校理, 종5품)·수찬(修撰, 정6품)·부수찬(副修撰, 종6품)·박사(博士, 정7품)·저작(著作, 정8품)·정자(正字, 정9품)를 두었다.

②직함 : 제학 이상은 겸직으로서 명예직이었고, 부제학 이하가 전임관, 즉 전임학사였다. 따라서, 집현전의 실무 책임자는 부제학으로서 행수(行首)라고도 하였다.

③승진 : 세종대에는 일단 집현전 학사에 임명되면 다른 관직으로 옮기지 않고 그 안에서 차례로 승진해 직제학 또는 부제학에까지 이르렀고, 그 뒤에 육조나 승정원 등으로 진출하는 것이 보통이었다. 그 결과 우수한 학자들이 집현전을 통해 많이 배출되었고, 고제 연구와 편찬 사업은 세종대의 황금시대를 이룩하는 원동력이 되었다.

④정원 : 집현전의 전임관, 즉 학사의 수는 설치 당시에는 10인이었다. 그러다가 1422년에는 15인, 1426년에는 16인, 1435년 초에는 22인, 그 해 7월에는 32인으로 점차 늘었으나, 1436년에 20인으로 축소되어 고정되었다.

⑤ 설치동기 : 학자의 양성과 문풍의 진작에 있었고, 세종도 그와 같은 원칙으로 육성했기에 학구적인 특성을 띠고 있었다.

⑥ 기능 : 학문 연구 기관으로서 도서의 수집과 보관 및 이용의 기능, 학문 활동의 기능, 국왕의 자문에 대비하는 기능, 정치에 귀감이 되고 후세에 영감하기 위한 우리 나라와 중국의 각종 사서의 편찬과 주해 사업, 훈민정음의 창제와 이에 관련된 편찬 사업. 즉, 『훈민정음해례』·『운회언역』·『용비어천가주해』·『동국정운』·『사서언해』 등 우리 나라의 귀중한 문화 유산을 남겼다.

⑦ 특전 : 오랜 기간 동안의 연구직인 학사들의 연구에 편의를 주기 위해 많은 도서를 구입하거나 인쇄해 집현전에 모아 보관, 일정 기간 휴가를 주어 정무에서 벗어나 산사 등지에서 마음대로 독서하고 연구하게 하는 사가독서의 특전, 그 밖에 여러가지 특권을 주어 불편하거나 부족함이 없도록 하였다.

2) 응교(應敎)

1420년(세종 2) 집현전이 설치되면서 정4품관으로 두었다. 학문 연구와 교명 제찬이 주된 직무였고, 경연관의 일원이 되기도 하였다. 1456년(세조 2) 사육신 사건으로 집현전과 함께 폐지되었다가 1470년(성종 1) 예문관에 옛 집현전 관제를 부활하면서 다시 설치되어, 1478년 홍문관 직제로 정제화하였다.

3) 부교리(副校理)

조선 시대 홍문관의 종5품 관직으로 정원은 2인이었다. 세조 때에 혁파되었던 집현전의 기능을 부활시키기 위하여 예문관을 확대, 개편하면서 1470년(성종 1) 설치하였다가, 1479년 그 기능이 홍문관으로 분리 독립되면서 그대로 직제화되었다. 부교리는 경연시독관·춘추관기주관·지제교를 겸직하였고, 때로는 세자시강원의 관직을 겸하기도 하였다. 교리와 함께 왕의 교서를 제찬, 검토하는 것이 주 임무였으나, 왕의 측근에서 학문을 강론하고 역사를 기술하며, 또 삼사의 일원으로서 언론 활동에 참여하기도 하였다.

4) 수찬(修撰)

조선 시대 홍문관의 정6품 관직으로 정원은 2인이다. 1463년(세조 9) 11월 홍문관이 신설된 뒤에 증설된 것으로 생각된다. 그러나 이때의 홍문관 기능은 장서를 보관하는 임무에 그쳤다. 학술·언론기관으로서의 홍문관은 1478년(성종 9)에 집현전의 기능과 직제를 이은 기관으로 성립되었다. 홍문관은 최고의 문필기관으로서 그 관원은 청화직으로 간주되었다. 부제학 이하

부수찬까지의 관원과 더불어 지제교를 겸대하였다.

5) 부수찬(副修撰)

조선 시대 홍문관의 종6품 관직으로 정원은 2인이다. 1420년(세종 2) 집현전을 설치하면서 처음 1인을 두었으나, 1456년(세조 2) 사육신 사건으로 혁파되었다. 1470년(성종 1) 예문관에 집현전의 기능을 부활시키면서 2인을 두었고, 이것이 1479년 홍문관으로 분리, 개편되면서 그대로 정제화되었다.

6) 돈녕부주부(敦寧府主簿)

1414년에 조선 시대 종친부에 속하지 않은 종친과 외척을 위한 예우 차원에서 설치된 관청인 돈녕부의 정6품 벼슬.

7) 자헌대부(資憲大夫)

조선이 건국된 직후인 1392년(태조 1) 7월 문산계의 품계인 정2품 하계의 품계명인데, 정헌대부·자헌대부가 제정되어 그대로 수록되었다.

8) 대제학(大提學)

홍문관·예문관의 정2품 관직으로 전임관이 아니고 타관이 겸임하였다. 문관만이 할 수 있었으며, 문형을 잡고 있었다. 홍문관의 대제학은 1420년(세종 2) 3월 제관전, 즉 수문전·집현전·보문각을 집현전으로 통합, 강화할 때 대제학 2인에 정2품, 제학 2인에 종2품으로 정해 겸관으로 하였다. 그러나 1456년(세조 2) 6월 사육신 사건으로 혁파하였다.

9) 춘추관사(春秋館事)

조선 시대 춘추관 소속의 정1품 관직으로 춘추관감사라고 하며, 약칭하여 감관사라고도 한다.

10) 세자우빈객(世子右賓客)

조선 시대에 세자시강원에 속한 정2품 문관 벼슬.

四. 훈민정음의 다른 이름

1. 언문(諺文)

1) 의미 : 한자에 대해 우리말을 낮게 본 데서 비롯되어 훈민정음을 속되게 이르던 말이라고 잘 못 전하고 있으나, 늘 쓰는 입말의 글이라는 뜻으로, 글말의 글자인 한자, 한문에 상대하여 '훈민정음'은 주로 백성들이 일상적으로 쓰는 글이라는 뜻으로 사용되었다.

2) 작명자 : 당시 세종과 훈민정음을 제작한 학자들은 모두 언문이라는 단어를 사용했다. 언해·언서 등도 여기서 비롯된 표현이다.

3) 출전 : 세종실록 102권, 세종 25년(1443년 정통 8년) 음력 12월 30일 자

4) 원문 : 是月上親制諺文二十八字其字倣古篆分爲初中終聲合之然後乃成字凡于文字及本國俚語皆可得而書字雖簡要轉換無窮是謂訓民正音(시월상친제언문이십팔자기자방고전분위초중종성합지연후내성자범우문자급본국이어개가득이서자수간요전환무궁시위훈민정음) - 이달에 임금이 친히 언문 28자를 지었는데, 그 글자가 옛 전자를 모방하고, 초성·중성·종성으로 나누어 합한 연후에야 글자를 이루었다. 무릇 문자에 관한 것과 이어(俚語)에 관한 것을 모두 쓸 수 있고, 글자는 비록 간단하고, 요약하지마는 전환하는 것이 무궁하니, 이것을 훈민정음이라고 일렀다.

2. 암클·아햇글·가갸글

모두 모화사상에 젖은 조선 시대의 식자층에서 훈민정음을 한문(漢文)에 비하여 낮추어 본 데서 이르던 말이다.

3. 배달말

1) 의미 : 상고 시대부터 우리 민족이 써온 말을 배달겨레의 말이라는 뜻으로 통틀어 이르는 말 '국어'라는 말 대신에 쓰이게 됨.

2) 작명자 : 1911년에 주시경이 작명함.

4. 조선글

1) 의미 : '한글'과 '대한제국'의 '한'이 단순히 동일해서 의식했던 것인지는 알 수 없으나 북한에서는 자국을 지칭하는 표현으로 '한(韓)'을 쓰지 않기 때문에 '한글'이라는 명칭도 '조선글'로 바꿔서 쓰고 있는데, '조선글자'의 준말이다.

2) 작명자 : 불명

3) 출전 : 조선말대사전

4) 원문 : 조선말을 적기 위한 조선의 글자로, 오랜 옛날부터 글을 써 오던 조선인민이 1444년 1월에 창제한 민족글자인 《훈민정음》을 이르는 말.

5. 한글

1) 의미 : '한글'의 의미에 대해서 세간에서는 '크다, 많다'를 의미하는 고어 '하다'에서 유래했다는 설(박승빈의 증언)이 있지만, 일반적으로 '한(韓)나라의 글', '큰글', '세상에서 첫째가는 글'이란 뜻이 받아들여지고 있다.

2) 작명자 : '한글'이라는 이름의 유래와 작명자에 대하여서는 꽤 다양한 견해가 있지만 대체로 주시경이 작명했다는 설이 인정을 받고 있다.

3) 출전 : 주시경(1876~1914)이 약 1912년 경에 저술한 〈소리갈〉

4) 원문 : 이 소리갈은 이 한글로 말하였으나 이 까닭을 닐우어 어느 글이든지 보면 그 소리의 엇더함을 다 알리라.

5) 특기사항 : 1921년 12월 3일 조선어연구회 창립에 참여했으며 1921년 3월 14일부터 17일까지 조선총독부 학무국에서 조사위원으로 참여했던 권덕규는 "또한 근래에 잡지나 신문에 흔히 쓰는 것과 같이 '한글'이라 함은 조선 총독부 편찬의 〈朝鮮語辭典〉에도 쓰인 바 韓文(한문)을 조선말로 그냥 읽어 '한글'이라 한 것이요 韓文이라고 그냥 음대로 정음으로 쓰면 지나글 漢文(한문)과 음이 혼동될 혐의도 있어 이것도 피한 것이다."〈권덕규, 조선어강좌(1933)〉

6) 기타 : 간송본 훈민정음해례본이 1940년 세상에 모습을 드러냈으니, 주시경은 훈민정음 해례본의 존재를 몰랐다는 것을 알 수 있다.

五. 훈민정음 관련 기념일

1. 가갸날

1) 기념일 : 1926년 음력 9월 29일

2) 사용하는 곳 : 일제 강점기 대한민국

3) 유래 : 조선어연구회가 일제에 맞서 언문을 연구하고 보급하는 운동에 나서기 시작하면서 '조선왕조실록'의 1446년(세종 28년) 9월(음력) 훈민정음을 반포했다는 기록을 근거로 1926년 11월 4일(음력 9월 29일) 조선어연구회, 신민회 주최로 훈민정음선포 제8회갑 기념회를 거행하고 이날을 '가갸날'로 정해 기념했다. 한글날의 시초다.

'가갸날'이란 이름은 일상에서 언문을 배울 때 쓰던 방식에서 가져왔다. 예전에는 '가갸거겨고교…' 하는 식으로 언문을 가르치고 배웠다.

2. 한글날

1) 기념일 : 10월 9일

2) 사용하는 곳 : 대한민국

3) 유래 : 1940년 경북 안동에서 '훈민정음' 해례본이 발견됐다. 이 해례본의 정인지 서문에 훈민정음 반포일이 '정통 11년 9월 상한'이라고 기록돼 있는 것을 근거로 음력 9월 상한의 마지막 날인 10일을 양력으로 환산한 10월 9일을 한글날로 확정해서 기념해 오고 있다.

조선어연구회가 1927년 기관지 '한글'을 창간하면서부터 '가갸날'을 '한글날'로 개명하게 되었다.

3. 조선글날

1) 기념일 : 1월 15일

2) 사용하는 곳 : 북한

3) 유래 : 북한에선 '훈민정음'을 '조선글자'라고 하는데, 줄여서 '조선글'이라고 부른다. 따라서 북한의 기념일은 '조선글날'이다.

세종실록의 계해년 음력 12월 30일자 "이달에 주상께서 친히 언문 28자를 창제하였다"는 기록을 근거로 하였으나, 음력 12월을 양력 1444년 1월로 보고 그 중간인 1월15일을 선택하였다.

4. 조선어문자의 날

1) 기념일 : 9월 2일

2) 사용하는 곳 : 중국 연변조선족자치주

3) 유래 : 중국 내 조선족 동포 최대 밀집 지역인 지린성 옌볜 조선족자치주가 민족 언어 보호와 발전을 위한 기념일 지정을 추진하면서 2014년부터 옌볜 조선족자치주 설립기념일(9월 3일) 전날인 9월2일을 '조선어문자의 날'로 지정해서 조선족 젊은이들에게 민족 언어를 사랑하고 존중하는 의식을 심어주기 위해 다양한 행사를 개최하고 있다.

5. 훈민정음의 날(안)

1) 기념일 : 1월 13일

2) 근거 : 훈민정음 해례본의 정인지 서문에서 다음의 글에 주목할 필요가 있다. 즉, "계해년 겨울에 우리 전하께서 정음 28자를 창제하시고는, 그 예의(例義: 용례와 의미)들을 간략히 들어 보여주시면서, 명칭을 훈민정음이라 하였다.[11]"는 증언이다.

세종실록 102권, 세종 25년(1443년 정통 8년) 음력 12월 30일 자에는 위 '계해년 겨울'에 대해서 보다 구체적인 내용을 확인할 수 있다. 즉, "이달(계해년 음력 12월)에 임금이 친히 언문 28자를 지었는데, 그 글자가 옛 전자를 모방하고, 초성·중성·종성으로 나누어 합한 연후에야 글자를 이루었다. 무릇 문자에 관한 것과 이어[12]에 관한 것을 모두 쓸 수 있고, 글자는 비록 간단하고, 요약하지마는 전환하는 것이 무궁하니, 이것을 훈민정음이라고 일렀다[13]"라는 기록이다.

---

11) 癸亥冬. 我殿下創制正音二十八字(계해동. 아전하창제정음이십팔자)

12) 俚語(속될 리, 말씀 어) : 항간에 떠돌며 쓰이는 속된 말.

13) ○是月, 上親制諺文二十八字, 其字倣古篆, 分爲初中終聲, 合之然後乃成字, 凡于文字及本國俚語, 皆可得而書, 字雖簡要, 轉換無窮, 是謂《訓民正音》.(시월, 상친제언문이십팔자, 기자방고전, 분위초중종성, 합지연후내성자, 범우문자급본국이어, 개가득이서, 자수간요, 전환무궁, 시위〈훈민정음〉.)

이것은 정인지가 훈민정음 해례본 서문의 말미에서 밝힌 '정통[14] 11년 9월 상한[15]'과는 상당한 시간 차이가 있음을 보여주는 대목이다.

이로 말미암아서 세종실록 세종 25년 12월 30일 경술 2번째 기사에 근거하여 훈민정음 해례본이 세상에 등장한 정통 11년(1446)보다 3년 전인 계해년 겨울, 곧 1443년 음력 12월 30일에 이미 훈민정음이 창제되었음을 확인할 수 있다. 그래서 1443년 음력 12월 30일을 양력으로 환산하면 1444년 1월 19일임을 확인할 수 있다.

따라서 훈민정음 해례본이 완성된 정통 11년 9월 상한을 양력으로 환산한 1446년 10월 상한의 끝날을 기준으로 하여 지정한 10월 9일 한글날보다는 '훈민정음 창제'에 관해 처음 기록한 〈세종실록〉 1443년 음력 12월 30일의 중간 날짜인 음력 12월 15일을 그레고리력으로 변환하면 양력 1444년 1월13일이 되므로 매년 1월 13일을 '훈민정음 창제 기념일' 즉, [훈민정음의 날]로 지정하는 것이 타당할 것이라고 제안한다.

---

14) 正統 : 중국 명나라의 제6대 황제인 정통제(正統帝) 때의 연호이다. 1436년을 원년으로 1449년까지 14년 동안 사용되었다.

15) 上澣(위 상, 빨 한) : 초하루에서 초열흘까지의 열흘 동안을 말함. 당나라 때 관리에게 열흘마다 하루씩 목욕휴가를 준 데서 유래하여, 상한은 1~10일, 중한은 11~20일, 하한은 21~30일을 뜻하게 되었다.

ㄲ。並書。如虯字初發聲

ㅋ。牙音。如快字初發聲

ㆁ。牙音。如業字初發聲

ㄷ。舌音。如斗字初發聲

ㄸ。並書。如覃字初發聲

ㅌ。舌音。如吞字初發聲

ㄴ。舌音。如那字初發聲

訓民正音

國之語音。異乎中國。與文字
不相流通。故愚民有所欲
而終不得伸其情者多矣。

훈민정음 해례본

1. 훈민정음 해례본의 내용 구성

1. 본문(예의)

① 어제서문

• 요약 : 훈민정음 창제목적을 밝혔다.

• 내용 : 어제 서문에서는, 표기수단을 가지지 못한 비 지식층 백성들에게 표기수단을 가지게 하기 위하여 훈민정음을 창제하였다는 창제목적이 밝혀져 있다.

② 예의

• 요약 : 새 글자의 음가, 운용법을 설명하였다.

• 내용 : 어제 서문에 이어서 외래어인 한자어의 전래자음을 이용하여 새로 만든 훈민정음의 음가와 운용법을 설명하였는데, 이때 이용한 자음용 한자들은 중성자와 종성자도 그대로 설명할 수 있도록 고른 것이었다.

중성자는 'ㆍㅡㅣㅗㅏㅜㅓㅛㅑㅠㅕ'로 정하였는데, 분명히 이중모음인 'ㅛㅑㅠㅕ'도 기본 단위자로 삼은 것이 특색이었고, 종성자는 초성글자를 다시 써서 표시하도록 규정하였다.

예의편의 끝에서는 연서와 병서·합용 등의 표기 방식과 위에서 아래로, 좌에서 우로 초성·중성·종성 글자를 음절단위로 쓸 것을 규정하였고, 각 음절마다 방점으로 성조를 왼쪽에 표시하도록 하였다.

2. 해례

해례편은 새로 만든 글자의 제자원리를 주로 밝히고, 그 음가·운용법, 이 문자가 표시하는 음운체계 등을 자세히 설명한 부분이다.

① 제자해

• 요약 : 제자원리와 기준, 자음체계, 모음체계, 음상 등에 관하여 설명하였다.

• 내용 : 제자해에서는 첫머리부터 태극·음양·오행과 결부된 언어관을 제시하고, 훈민정음의 창제도 성음에 따라 음양의 이치를 다한 것이라고 하였다. 이어서 제자원리가 상형에 있음을 말하고, 자음자의 제자에 있어서는 먼저 조음위치별로 기본이 되는 초성자를 정하고, 이 기본자들은 각각 그 조음방식 또는 조음위치를 상형하여 제자 된 것임을

밝혔다.

② 초성해
• 요약 : 초성이 무엇인가를 다시 설명하였다.
• 내용 : 초성이란 운서의 자모에 해당하는 원리를 한자음을 가지고 다시 설명하였다.

③ 중성해
• 요약 : 중성해에서는, 중성이 무엇인가를 다시 설명하고, 중성글자의 합용법을 제시하였다.
• 내용 : 중성이란 한자음의 머리에 있는 자음과 모음 사이에 끼어들어 두 소리를 잇는 개음(介
音)을 예를 들어 설명하였는데, 중국음운학에서 음절말음으로 다루는 반모음까지도
중성에 포함시켜, 제자해에서 설명한 11자 이외에도 여러 모음자가 합용되어 중모음으
로 쓰일 수 있음을 설명하였다.

④ 종성해
• 요약 : 종성해에서는, 종성의 본질과 사성 등을 설명하였다.
• 내용 : 종성이란 자음으로 끝나는 음절 끝소리에 대해 다시 한자음을 가지고 다시 설명하고,
중세국어의 성조를 우선 종성만 가지고 설명하였다. 즉, 불청불탁자는 평성·상성·거성
의 종성이 되고, 전청자·차청자·전탁자는 입성의 종성이 된다고 하였다. 그러나 국어
의 종성은 'ㄱ·ㆁ·ㄷ·ㄴ·ㅂ·ㅁ·ㅅ·ㄹ' 여덟 글자면 충분하다고 설명하였다. 그리고 한
자음의 입성 가운데, 'ㄷ'의 종성음을 일반에서 'ㄹ'로 발음하고 있는데, 이를 'ㄷ'음
으로 발음해야 된다고 하였다.

⑤ 합자해
• 요약 : 합자해에서는, 초성·중성·종성 글자가 합해져서 음절 단위로 표기되는 보기를 보이고,
중세국어의 성조에 대하여 설명하였다.
• 내용 : 초성·중성·종성 글자를 자소처럼 인식하여, 이들 3요소를 좌로부터 우로, 위로부터
아래로 써서 음절단위로 쓸 것을 규정하였고, 합용병서·각자병서의 서법을 초성·중
성·종성에 걸쳐 설명하였다. 이어 당시의 국어성조를 다시 설명하여, 입성은 중세국어
의 성조단위가 아님을 말하였다. 즉, 긴:깁 몯 등이 종성만을 가지고 볼 때는 입성이

지만, 성조로서는 평성·상성·거성이 된다고 하였다. 그리고 반설경음(半舌輕音) 'ᄛ'도 반설중음(半舌重音)인 'ㄹ'과 구별하여 사용할 수 있음을 말하고, 중모음 ᅟᆢ의 가능성도 제시하였다.

⑥ 용자례
• 요약 : 용자례에서는, 단어의 표기례를 제시였다.
• 내용 : 중세국어에서 90단어의 예를 들어, 그 표기법을 보였다. 초성 'ㄱ·ㅋ·ㆁ, ㄷ·ㅌ·ㄴ, ㅂ·ㅍ·ㅁ, ㅸ·ㅈ·ㅊ, ㅅ·ㅎ·ㅇ, ㄹ·ㅿ'의 표기 예를 각각 두 단어씩 들었는데, 각자병서와 ㆆ의 표기례가 제외되고, ㅸ의 표기례를 보인 것이 특징이다. 중성은 'ㆍㅡㅣ ᅟᆞ·ㅏ·ㅜ·ㅓ·ㅛ·ㅑ·ㅠ·ㅕ'의 표기례를 각각 4단어씩 보였으며, 종성은 'ㄱ·ㆁ·ㄷ·ㄴ·ㅂ·ㅁ·ㅅ·ㄹ'의 8종성의 표기례만을 각각 4단어씩 보였다.

3. 정인지서문

• 요약 : 훈민정음의 창제이유, 창제자, 훈민정음의 우수성, 이 책의 편찬자, 편찬연월일을 분명히 밝혔다.
• 내용 : 세종이 1443년(세종 25) 겨울에 훈민정음을 창제하였다는 것, 해례본의 저술자가 정인지·최항·박팽년·신숙주·성삼문·강희안·이개·이선로 등 8명이라고 하였다. 이 서문을 쓴 날이 1446년 9월 상한(上澣)이라고 기록되어 있으므로, 훈민정음 해례본의 완성일을 알 수 있게 되었다.

2. 본문 : 어제서문 · 예의

訓民正音 훈 민 정 음	백성을 가르치는 바른 소리
國之語音。異乎中國。與文字 국 지 어 음　이 호 중 국　여 문 자	나라의 말소리가 중국과 달라서, 문자(한자)와
不相流通。故愚民。有所欲言 불 상 유 통　고 우 민　유 소 욕 언	서로 통하지 아니하므로, 이런 까닭으로 어리석은 백성들이 말하고자 하는 바가 있어도,
而終不得伸其情者。多矣。予。 이 종 부 득 신 기 정 자　다 의　여	마침내 제 뜻을 펴지 못하는 사람이 많다. 내가
為此憫然。新制二十八字。欲 위 차 민 연　신 제 이 십 팔 자　욕	이를 불쌍히 여겨서, 새로 스물여덟 글자를 만드니,
使人人易習。便於日用耳 사 인 인 이 습　편 어 일 용 이	사람마다 하여금 쉽게 익혀, 날마다 씀에 편하게 하고자 할 따름이다.
ㄱ。牙音。如君字初發聲 아 음　여 군 자 초 발 성	ㄱ는 어금닛소리이니, 君(군)자의 처음 피어나는 소리 같으니라.

並書。如虯字初發聲 병 서　여 규 자 초 발 성	나란히 쓰면 虯(뀰) 자의 처음 피어나는 소리 같으 니라.
ㅋ。牙音。如快字初發聲 아 음　여 쾌 자 초 발 성	ㅋ는 어금닛소리이니, 快(쾡) 자의 처음 피어나는 소리 같으니라.
ㆁ。牙音。如業字初發聲 아 음　여 업 자 초 발 성	ㆁ는 어금닛소리이니, 業(업) 자의 처음 피어나는 소리 같으니라.
ㄷ。舌音。如斗字初發聲 설 음　여 두 자 초 발 성	ㄷ는 혓소리이니, 斗(둫) 자의 처음 피어나는 소리 같으니라.
並書。如覃字初發聲 병 서　여 담 자 초 발 성	나란히 쓰면 覃(땀) 자의 처음 피어나는 소리 같으니 라.
ㅌ。舌音。如吞字初發聲 설 음　여 탄 자 초 발 성	ㅌ는 혓소리이니, 呑(툰) 자의 처음 피어나는 소리 같으니라.
ㄴ。舌音。如那字初發聲 설 음　여 나 자 초 발 성	ㄴ는 혓소리이니, 那(낭) 자의 처음 피어나는 소리 같으니라.

3. 본문 : 예의

ㅂ。脣音。如彆字初發聲 순음　여별자초발성	ㅂ는 입술소리이니, 彆(볃) 자의 처음 피어나는 소리 같으니라.
並書。如步字初發聲 병서　여보자초발성	나란히 쓰면 步(뽕) 자의 처음 피어나는 소리 같으니라.
ㅍ。脣音。如漂字初發聲 순음　여표자초발성	ㅍ는 입술소리이니, 漂(푤) 자의 처음 피어나는 소리 같으니라.
ㅁ。脣音。如彌字初發聲 순음　여즉자초발성	ㅁ는 입술소리이니, 彌(밍) 자의 처음 피어나는 소리 같으니라.
ㅈ。齒音。如卽字初發聲 치음　여즉자초발싱	ㅈ는 잇소리이니, 卽(즉) 자의 처음 피어나는 소리 같으니라.
並書。如慈字初發聲 병서　여자자초발성	나란히 쓰면 慈(쫑) 자의 처음 피어나는 소리 같으니라.
ㅊ。齒音。如侵字初發聲 치음　여침자초발성	ㅊ는 잇소리이니, 侵(침) 자의 처음 피어나는 소리 같으니라.

ㅅ。齒音。如戍字初發聲 치음　여술자초발성	ㅅ는 잇소리이니, 戍(숧) 자의 처음 피어나는 소리 같으니라.
並書。如邪字初發聲 병서　여사자초발성	나란히 쓰면 邪(썅) 자의 처음 피어나는 소리 같으니라.
ㆆ。喉音。如挹字初發聲 후음　여읍자초발성	ㆆ는 목구멍소리이니, 挹(흡) 자의 처음 피어나는 소리 같으니라.
ㅎ。喉音。如虛字初發聲 후음　여허자초발성	ㅎ는 목구멍소리이니, 虛(헝) 자의 처음 피어나는 소리 같으니라.
並書。如洪字初發聲 병서　여홍자초발성	나란히 쓰면 洪(薴) 자의 처음 피어나는 소리 같으니라.
ㅇ。喉音。如欲字初發聲 후음　여욕자초발성	ㅇ는 목구멍소리이니, 欲(욕) 자의 처음 피어나는 소리 같으니라.
ㄹ。半舌音。如閭字初發聲 반설음　여려자초발성	ㄹ는 반혓소리이니, 閭(령) 자의 처음 피어나는 소리 같으니라.

△。半齒音。如穰字初發聲 반 치 음　여 양 자 초 발 성	△는 반잇소리이니, 穰(샹) 자의 처음 피어나는 소리 같으니라.
•。如吞字中聲 여 탄 자 중 성	•는 吞(툰) 자의 가운뎃소리 같으니라.
一。如卽字中聲 여 즉 자 중 성	ㅡ는 卽(즉) 자의 가운뎃소리 같으니라.
ㅣ。如侵字中聲 여 침 자 중 성	ㅣ는 侵(침) 자의 가운뎃소리 같으니라.
ㅗ。如洪字中聲 여 홍 자 중 성	ㅗ는 洪(薈) 자의 가운뎃소리 같으니라.
ㅏ。如覃字中聲 여 담 자 중 성	ㅏ는 覃(땀) 자의 가운뎃소리 같으니라.
ㅜ。如君字中聲 여 군 자 중 성	ㅜ는 君(군) 자의 가운뎃소리 같으니라.

ㅓ。如業字中聲 여 업 자 중 성	ㅓ는 業(업) 자의 가운뎃소리 같으니라.
ㅛ。如欲字中聲 여 욕 자 중 성	ㅛ는 欲(욕) 자의 가운뎃소리 같으니라.
ㅑ。如穰字中聲 여 양 자 중 성	ㅑ는 穰(샹) 자의 가운뎃소리 같으니라.
ㅠ。如戌字中聲 여 술 자 중 성	ㅠ는 戌(슗) 자의 가운뎃소리 같으니라.
ㅕ。如彆字中聲 여 별 자 중 성	ㅕ는 彆(볋) 자의 가운뎃소리 같으니라.
終聲。復用初聲。ㅇ連書脣音 종 성　부 용 초 성　　연 서 순 음	끝소리는 첫소리를 다시 쓴다. ㅇ를 입술소리의
之下。則爲脣輕音。初聲合用 지 하　즉 위 순 경 음　초 성 합 용	아래에 이어 쓰면 입술가벼운소리가 된다. 첫소리를 어울려 쓸 때

則並書。終聲同。·一ᆢ구ᆢ 즉 병 서　종 성 동	나란히 쓰라. 끝소리도 마찬가지다. ·와 ㅡ와 ᆢ와 구와 ᆢ와
ᆢ。附書初聲之下。ㅣㅏㅓㅑ 　부 서 초 성 지 하	ㅕ는 첫소리 아래에 붙여 쓰고 ㅣ와 ㅏ와 ㅓ와 ㅑ와
ㅕ。附書於右。凡字必合而成 　부 서 어 우　범 자 필 합 이 성	ㅕ는 오른쪽에 붙여 쓰라. 무릇 글자는 반드시 합쳐 져야
音。左加一點則去聲。二則上 음　좌 가 일 점 즉 거 성　이 즉 상	소리를 이루나니 왼쪽에 한 점을 더하면 곧 높은 소 리[거성]요, 점이 둘이면 처음이 낮고 나중이 높은 소리[상성]요
聲。無則平聲。入聲加點同而 성　무 즉 평 성　입 성 가 점 동 이	없으면 낮고 평평한 소리[평성]요, 입성은 점을 더 함은 한가지로되
促急 촉 급	빠르니라.
	※ 입성(入聲) : 소리의 높낮이와는 별도로 종성이 ㄱ, ㄷ, ㅂ로 끝나는 음절들을 묶은 것이다.

4. 제자해

訓民正音解例 훈 민 정 음 해 례	훈민정음 해례(이해하기 쉽도록 예를 들어서 풀이함)
制字解 제 자 해	제자해(훈민정음의 제자 원리와 방법, 새로 만든 글자의 특성 등을 설명한 풀이)
天地之道。一陰陽五行而已。坤復 천 지 지 도 일 음 양 오 행 이 이 곤 복	천지의 도는 한 음양 오행 뿐이다. 坤(곤)[1]과 復(복)[2]
之間為太極。而動靜之後為陰陽。 지 간 위 태 극 이 동 정 지 후 위 음 양	의 사이가 태극이 되고, 움직이고 멈춘 뒤에 음양이 된다.
凡有生類在天地之間者。捨陰陽 범 유 생 류 재 천 지 지 간 자 사 음 양	무릇 천지 사이에 살고 있는 무리들이 음양을 버리고
而何之。故人之聲音。皆有陰陽之 이 하 지 고 인 지 성 음 개 유 음 양 지	어디로 갈 것인가? 그러므로 사람의 소리에도 모두 음양의
理。顧人不察耳。今正音之作。初非 리 고 인 불 찰 이 금 정 음 지 작 초 비	이치가 있지만, 사람이 살피지 못할 따름이다. 이제 정음을 만든 것도, 처음부터
智營而力索。但因其聲音而極其 지 영 이 력 색 단 인 기 성 음 이 극 기	지혜로 경영하고 힘써 찾은 것이 아니다. 다만, 그 말소리로 인하여 그
理而已。理既不二。則何得不與天 리 이 이 이 기 불 이 즉 하 득 불 여 천	이치를 다할 따름이다. 이치가 이미 둘이 아니거늘, 어찌 능히 하늘과
地鬼神同其用也。正音二十八字 지 귀 신 동 기 용 야 정 음 이 십 팔 자	땅과 귀신과 더불어 그 씀을 함께 하지 않을 수 있겠는가? 정음 스물여덟 글자는
各象其形而制之。初聲凡十七字 각 상 기 형 이 제 지 초 성 범 십 칠 자	각각 다음과 같은 모양을 본떠서 만들었다. 첫소리는 무릇 열일곱 글자이다.
牙音ㄱ。象舌根閉喉之形。舌音ㄴ。 아 음 상 설 근 폐 후 지 형 설 음	어금닛소리 ㄱ는 혀뿌리가 목구멍을 막는 모양을 본뜨고, 혓소리 ㄴ는
象舌附上腭之形。脣音ㅁ。象口形。 상 설 부 상 악 지 형 순 음 상 구 형	혀가 위턱(윗잇몸)에 붙는 모양을 본뜨고, 입술소리 ㅁ는 입 모양을 본뜨고,
齒音ㅅ。象齒形。喉音ㅇ。象喉形。ㅋ 치 음 상 치 형 후 음 상 후 형	잇소리 ㅅ는 이빨 모양을 본뜨고, 목구멍소리 ㅇ는 목구멍 모양을 본떴다. ㅋ는
比ㄱ。聲出稍厲。故加畫。ㄴ而ㄷ。ㄷ 비 성 출 초 려 고 가 획 이	ㄱ에 비해 소리가 세게 나는 까닭으로 획을 더하였다. ㄴ에서 ㄱ, ㄷ에서
而ㅌ。ㅁ而ㅂ。ㅂ而ㅍ。ㅅ而ㅈ。ㅈ而 이 이 이 이 이 이	ㅌ,ㅁ에서 ㅂ,ㅂ에서 ㅍ,ㅅ에서 ㅈ,ㅈ에서

---

1) 坤卦(땅 곤/괘 괘) : 팔괘의 하나. 유순하고 사물을 성장시키는 덕을 나타내어 땅을 상징함.

2) 復卦(돌아올 복/괘 괘) : 육십사괘의 하나. 곤괘와 진괘가 거듭한 것으로 우레가 땅속에서 움직이기 시작함을 상징함.

ㅊ。ㅇ而ㆆ。ㆆ而ㅎ。其因聲加畫之 이　　이　　기인성가획지	ㅊ, ㅇ에서 ㆆ, ㆆ에서 ㅎ으로도, 그 소리를 바탕으로 획을 더한
義皆同。而唯ㆁ為異。半舌音ㄹ。半 의개동　이유　위이　반설음　반	뜻은 모두 같으나, 오직 ㆁ만은 달리했다. 반혓소리 ㄹ, 반
齒音△。亦象舌齒之形而異其體 치음　역상설치지형이이기체	잇소리 △도 또한 혀와 이의 모양을 본떴으나 그 모양새를 달리해서,
無加畫之義焉。夫人之有聲本於 무가획지의언　부인지유성본어	획을 더한 뜻은 없다. 대저 사람이 소리를 가짐은
五行。故合諸四時而不悖。叶之五 오행　고합제사시이불패　협지오	오행(五行)[3]에 근본을 두고 있다. 그러므로, 네 계절과 어울려 보아도 어그러지지 않고, 오음(五音)[4]에 맞추어도
音而不戾。喉邃而潤。水也。聲虛而 음이불려　후수이윤　수야　성허이	어긋나지 않는다. 목구멍은 깊고 젖어 있으니, 물에 해당한다. 소리는 비어 있으면서
通。如水之虛明而流通也。於時為 통　여수지허명이유통야　어시위	통하니, 물이 투명하고 흘러 통하는 것과 같다. 계절로는
冬。於音為羽。牙錯而長。木也。聲似 동　어음위우　아착이장　목야　성사	겨울이 되고, 소리로는 羽(우)[5]가 된다. 어금니는 어긋나고 기니, 나무에 해당한다. 소리는 마치
喉而實。如木之生於水而有形也。 후이실　여목지생어수이유형야	목구멍과 비슷하나 차 있으니, 나무가 물에서 나서 형체가 있는 것과 같다.
於時為春。於音為角。舌銳而動。火 어실위춘　어음위각　설예이동　화	계절로는 봄이 되고, 소리로는 角(각)[6]이 된다. 혀는 날카로우면서 움직이니, 불에 해당한다.
也。聲轉而颺。如火之轉展而揚揚 야　성전이양　여화지전전이양양	소리가 구르고 날리니, 불이 구르고 퍼져 휘날리는 것과 같다.
也。於時為夏。於音為徵。齒剛而斷 야　어시위하　어음위치　치강이단	계절로는 여름이 되고, 소리로는 徵(치)[7]가 된다. 이는 단단하고 물건을 끊으니,
金也。聲屑而滯。如金之屑瑣而鍛 금야　성설이체　여금지설쇄이단	쇠에 해당한다. 소리가 부스러지고 걸리니, 쇠가 부스러져 가루가 되고 단련되어
成也。於時為秋。於音為商。脣方而 성야　어시위추　어음위상　순방이	이루어지는 것과 같다. 계절로는 가을이 되고, 소리로는 商(상)[8]이 된다. 입술은 사각형이면서
合。土也。聲含而廣。如土之含蓄萬 합　토야　성함이광　여토지함축만	합해지니, 흙에 해당한다. 소리가 머금고 넓으니, 땅이 만물을 품어서
物而廣大也。於時為季夏。於音為 물이광대야　어시위계하　어음위	넓고 큰 것과 같다. 계절로는 늦여름이 되고, 소리로는

---

3) 五行(다섯 오/행할 행) : 우주 간에 쉬지 않고 운행하는 다섯가지 원소. 金·木·水·火·土

4) 五音(다섯 오/소리 음) : 음률의 다섯 가지 음. 궁(宮), 상(商), 각(角), 치(徵), 우(羽)

5) 羽(깃 우) : 동양 음악의 오음 음계 중의 다섯째 음, 서양 음악의 음계 라(La)에 비할 수 있음.

6) 角(뿔 각) : 동양 음악의 오음 음계 중의 셋째 음. 장조의 '미'에 해당함.

7) 徵(음률 이름 치) : 동양 음악에서, 오음계 가운데 궁에서 넷째 음.

8)商(헤아릴 상) : 동양 음악에서, 오음이나 칠음 음계의 제2음.

宮。然水乃生物之源。火乃成物之 궁 연수내생물지원 화내성물지	宮[9]이 된다. 그러나 물은 만물을 낳는 근원이요, 불은 만물을 이루어 내는
用。故五行之中。水火為大。喉乃出 용 고오행지중 수화위대 후내출	작용을 한다. 그러므로 오행[3] 중에서는 물과 불이 으뜸이 된다. 목구멍은
聲之門。舌乃辨聲之管。故五音之 성지문 설내변성지관 고오음지	소리가 나오는 문이요, 혀는 소리를 변별해내는 기관이다. 그러므로 오음[4]의
中。喉舌為主也。喉居後而牙次之。 중 후설위주야 후거후이아차지	가운데에 목구멍소리와 혓소리가 주가 된다. 목구멍은 뒤에 있고 어금니는 그다음이니,
北東之位也。舌齒又次之。南西之 북동지위야 설치우차지 남서지	북쪽과 동쪽의 방위다. 혀와 이는 그 앞에 있으니, 남쪽과 서쪽의
位也。脣居末。土無定位而寄旺四 위야 순거말 토무정위이기왕사	방위다. 입술은 끝에 있으니, 흙이 일정한 자리가 없어 네 계절에 기대어 왕성함을
季之義也。是則初聲之中。自有陰 계지의야 시즉초성지중 자유음	뜻한다. 이는 곧 초성 가운데 스스로 음
陽五行方位之數也。又以聲音清 양오행방위지수야 우이성음청	양·오행·방위의 수(數)가 있음이다. 또 소리의 청탁으로써
濁而言之。ㄱㄷㅂㅈㅅㆆ。為全清 탁이언지 위전청	말하자면, ㄱ와 ㄷ와 ㅂ와 ㅈ와 ㅅ와 ㆆ는 전청(全清)[10]이 되고,
ㅋㅌㅍㅊㅎ。為次清ㄲㄸㅃㅉㅆ 위차청	ㅋ와 ㅌ와 ㅍ와 ㅊ와 ㅎ는 차청(次清)[11]이 되고, ㄲ와 ㄸ와 ㅃ와 ㅉ와 ㅆ와
ㆅ。為全濁。ㆁㄴㅁㅇㄹㅿ。為不清 위전탁 위불청	ㆅ는 전탁(全濁)[12]이 되고, ㆁ와 ㄴ와 ㅁ와 ㅇ와 ㄹ와 ㅿ는 불청(不清)
不濁。ㄴㅁㅇ。其聲㝡不厲。故次序 불탁 기성최불려 고차서	불탁(不濁)[13]이 된다. ㄴ와 ㅁ와 ㅇ는 그 소리가 가장 거세지 않다. 그러므로 순서가
雖在於後。而象形制字則為之始。 수재어후 이상형제자즉위지시	비록 뒤에 있으나, 모양을 본떠서 글자를 만듦에는 처음으로 두었다.
ㅅㅈ雖皆為全清。而ㅅ比ㅈ。聲不 수개위전청 이 비 성불	ㅅ와 ㅈ는 비록 모두 전청(全清)[10]이지만 그러나 ㅅ는 ㅈ에 비해서 소리가
厲。故亦為制字之始。唯牙之ㆁ。雖 려 고역위제자지시 유아지 수	세지 않다. 그러므로 또한 글자를 만듦에 처음으로 두었다. 다만 어금니소리의 ㆁ는 비록
舌根閉喉聲氣出鼻。而其聲與ㅇ 설근폐후성기출비 이기성여	혀뿌리가 목구멍을 닫고 소리의 기운이 코로 나오나, 그 소리가 ㅇ와

---

9) 宮(집 궁) : 동양 음악의 오음, 또는 칠음 음계의 하나. 궁조의 으뜸음임. 장음계의 '도'에 해당함.

10) 全清(온전할 전/맑을 청) : 훈민정음의 초성 체계 가운데 'ㄱ', 'ㄷ', 'ㅂ', 'ㅅ', 'ㅈ', 'ㆆ' 따위에 공통되는 음성적 특질을 이르는 말. 현대 음성학의 무성 자음에 해당한다.

11) 次清(버금 차/맑을 청) : 훈민정음의 초성 체계 가운데 'ㅋ', 'ㅌ', 'ㅍ', 'ㅊ', 'ㅎ' 따위에 공통되는 음성적 특질을 이르는 말.

12) 全濁(온전할 전/흐릴 탁) : 훈민정음의 초성 체계 가운데 'ㄲ', 'ㄸ', 'ㅃ', 'ㅆ', 'ㅉ', 'ㆅ' 따위에 공통되는 음성적 특질을 이르는 말. 훈민정음의 17초성에는 포함되지 않으나, 동국정운의 23자모에는 포함된다.

13) 不清不濁(아니 불/맑을 청/아니 불/흐릴 탁) : 훈민정음의 초성 체계 가운데 'ㆁ', 'ㄴ', 'ㅁ', 'ㅇ', 'ㄹ', 'ㅿ' 따위에 공통되는 음성적 특질을 이르는 말. 현대 음성학의 유성 자음에 해당함.

相似。故韻書疑與喩多相混用。今 상 사 고 운 서 의 여 유 다 상 혼 용 금	비슷하므로, 운서(韻書)[14]도 疑(의)와 喩(유)와 자주 서로 혼용하며, 여기서도
亦取象於喉。而不為牙音制字之 역 취 상 어 후 이 불 위 아 음 제 자 지	또한, 목구멍의 모양을 본뜬 것을 취하되, 어금닛소리를 만드는 처음으로 두지 않았다.
始。盖喉属水而牙属木。ㆁ雖在牙 시 개 후 속 수 이 아 속 목 수 재 아	생각건대, 목구멍은 물에 속하고 어금니는 나무에 속하므로, ㆁ가 비록 어금닛소리에 있지만
而與ㅇ相似。猶木之萌芽生於水 이 여 상 사 유 목 지 맹 아 생 어 수	ㅇ와 비슷한 것은, 마치 나무의 싹이 물에서 나와서
而柔軟。尙多水氣也。ㄱ木之成質。 이 유 연 상 다 수 기 야 목 지 성 질	부드럽고 여려서, 아직 물기가 많은 것과 같다. ㄱ는 나무가 바탕을 이룬 것이요,
ㅋ木之盛長。ㄲ木之老壯。故至此 목 지 성 장 목 지 노 장 고 지 차	ㅋ는 나무가 무성히 자란 것이며, ㄲ는 나무가 나이가 들어 장년이 된 것이므로, 이에 이르기까지
乃皆取象於牙也。全清並書則為 내 개 취 상 어 아 야 전 청 병 서 즉 위	모두 어금니의 모양을 취했다. 전청(全清)[10]을 나란히 쓰면
全濁。以其全清之聲凝則為全濁 전 탁 이 기 전 청 지 성 응 즉 위 전 탁	전탁(全濁)[12]이 되는 것은, 그 전청[10]의 소리가 엉기면 전탁[12]이 되기 때문이다.
也。唯喉音次清為全濁者。盖以ㆆ 야 유 후 음 차 청 위 전 탁 자 개 이	오직 목구멍소리만은 차청(次清)[11]이 전탁[12]이 되는 것은, 아마 ㆆ의
聲深不為之凝。ㅎ比ㆆ聲淺。故凝 성 심 불 위 지 응 비 성 천 고 응	소리가 깊어서 엉기지 않고, ㅎ는 ㆆ에 비해 소리가 얕다. 그러므로 엉기어
而為全濁也。ㅇ連書唇音之下。則 이 위 전 탁 야 연 서 순 음 지 하 즉	전탁[12]이 되는 것일 테다. ㅇ를 입술소리 아래에 이어 쓰면
為唇輕音者。以輕音唇乍合而喉 위 순 경 음 자 이 경 음 순 사 합 이 후	입술가벼운소리가 되는 것은, 가벼운 소리로써 입술이 잠깐 합쳐지고 목구멍
聲多也。中聲凡十一字。・舌縮而 성 다 야 중 성 범 십 일 자 설 축 이	소리가 많기 때문이다. 가운뎃소리는 무릇 열한 글자이다. ・는 혀가 오그라져서
聲深。天開於子也。形之圓。象乎天 성 심 천 개 어 자 야 형 지 원 상 호 천	소리가 깊으니, 하늘이 자시(子時)[15]에 열린 것이다. 모양이 둥근 것은 하늘을 본뜬 것이다.
也。ㅡ舌小縮而聲不深不淺。地闢 야 설 소 축 이 성 불 심 불 천 지 벽	ㅡ는 혀가 조금 오그라져 소리가 깊지도 얕지도 않으니, 땅이
於丑也。形之平。象乎地也。ㅣ舌不 어 축 야 형 지 평 상 호 지 야 설 불	축시(丑時)[16]에 열린 것이다. 모양이 평평한 것은 땅을 본뜬 것이다. ㅣ는 혀가

---

14) 韻書(운 운/글 서) : 한자의 韻을 분류하여 일정한 순서로 배열한 서적을 통틀어 이르는 말.

15) 子時(아들 자/때 시) : 십이시의 첫째 시. 밤 열한 시부터 오전 한 시까지이다.

16) 丑時(소 축/때 시) : 십이시의 둘째 시. 오전 한 시부터 세 시까지이다.

縮而聲淺。人生於寅也。形之立。象 축 이 성 천　인 생 어 인 야　형 지 립　상	오그라지지 않아 소리가 얕으니, 사람이 인시(寅時)[17]에 생긴 것이다. 모양이 서 있음은
乎人也。此下八聲。一闔一闢。ㅗ與 호 인 야　차 하 팔 성　일 합 일 벽　　여	사람을 본뜬 것이다. 이 아래의 여덟 소리는 하나는 닫힘이며 하나는 열림이다. ㅗ와
•同而口蹙。其形則•與一合而 　동 이 구 축　기 형 즉　여　합 이	•는 같으나 입이 오므려지고, 그 모양은 •가 ㅡ와 합하여져서
成。取天地初交之義也。ㅏ與•同 성　취 천 지 초 교 지 의 야　　여　동	이룸이며, 하늘과 땅이 처음으로 사귄다는 뜻을 취하였다. ㅏ는 •와 같으나
而口張。其形則ㅣ與•合而成。取 이 구 장　기 형 즉　여　합 이 성　취	입이 벌어지고, 그 모양은 ㅣ가 •와 합하여져서 이루어졌으며,
天地之用發於事物待人而成也。 천 지 지 용 발 어 사 물 대 인 이 성 야	천지의 작용이 사물에서 피어나서 사람을 기다려서 이루어짐을 취하였다.
ㅜ與一同而口蹙。其形則一與• 　여　동 이 구 축　기 형 즉　여	ㅜ는 ㅡ와 같으나 입이 오므려지고, 그 모양이 ㅡ가 •와
合而成。亦取天地初交之義也。ㅓ 합 이 성　역 취 천 지 초 교 지 의 야	합하여져서 이루어졌으며, 역시 하늘과 땅이 처음으로 사귄다는 뜻을 취하였다. ㅓ는
與一同而口張。其形則•與ㅣ合 여　동 이 구 장　기 형 즉　여　합	ㅡ와 같으나 입이 벌어지고, 그 모양은 •와 ㅣ가 합하여져서
而成。亦取天地之用發於事物待 이 성　역 취 천 지 지 용 발 어 사 물 대	이루어졌으며, 역시 천지의 작용이 사물에서 발해
人而成也。ㅛ與ㅗ同而起於ㅣ。ㅑ 인 이 성 야　여　동 이 기 어	사람을 기다려서 이루어짐을 취하였다. ㅛ는 ㅗ와 같으나 ㅣ에서 일어나고, ㅑ는
與ㅏ同而起於ㅣ。ㅠ與ㅜ同而起 여　동 이 기 어　여　동 이 기	ㅏ와 같으나 ㅣ에서 일어나고, ㅠ는 ㅜ와 같으나
於ㅣ。ㅕ與ㅓ同而起於ㅣ。•ㅏㅜ 어　여　동 이 기 어	ㅣ에서 일어나고, ㅕ는 ㅓ와 같으나 ㅣ에서 일어난다. ㅗ와 ㅏ와 ㅜ와
ㅓ始於天地。為初出也。ㅛㅑㅠㅕ 시 어 천 지　위 초 출 야	ㅓ는 하늘과 땅에서 비롯하니, 처음 나온 것이 된다. ㅛ와 ㅑ와 ㅠ와 ㅕ는
起於ㅣ而兼乎人。為再出也。ㅗㅏ 기 어　이 겸 호 인　위 재 출 야	ㅣ에서 일어나서 사람을 겸하니, 두 번째 나온 것이 된다. ㅗ와 ㅏ와
ㅜㅓ之一其圓者。取其初生之義 지 일 기 원 자　취 기 초 생 지 의	ㅜ와 ㅓ의 둥근 점이 하나인 것은, 처음에 생긴 뜻을 취한 것이다.

17) 寅時(셋째지지 인/때 시) : 십이시의 셋째 시. 오전 세 시에서 다섯 시까지.

也。ㅛ ㅑ ㅠ ㅕ 之二其圓者。取其再 야 　　　　 　 지이기원자 취기재	ㅛ와 ㅑ와 ㅠ와 ㅕ의 둥근 점이 둘인 것은, 두 번째로
生之義也。ㅗ ㅏ ㅛ ㅑ 之圓居上與 생지의야 　　　　 지원거상여	생긴 뜻을 취함이다. ㅗ와 ㅏ와 ㅛ와 ㅑ의 둥근 점이 위와
外者。以其出於天而爲陽也。ㅜ ㅓ 與 외자 이기출어천이위양야	밖에 있는 것은, 그것이 하늘에서 나와서 양이 되기 때문이며, ㅜ와 ㅓ와
ㅠ ㅕ 之圓居下與內者。以其出於 　　 지원거하여내자 이기출어	ㅠ와 ㅕ의 둥근 점이 아래와 안에 있는 것은, 그것이
地而爲陰也。・之貫於八聲者。猶 지이위음야 지관어팔성자 유	땅에서 나와서 음이 되기 때문이다. ・가 여덟 소리에 일관됨은, 마치
陽之統陰而周流萬物也。ㅛ ㅑ ㅠ 與 양지통음이주류만물야	양이 음을 거느려서 만물에 두루 흐름과 같다. ㅛ와 ㅑ와 ㅠ와
ㅕ 之皆兼乎人者。以人爲萬物之 　 지개겸호인자 이인위만물지	ㅕ가 모두 사람을 겸한 것은, 사람이 만물의
靈而能參兩儀也。取象於天地人 영이능참양의야 취상어천지인	영장(靈長)[18]으로 능히 음양에 참여하기 때문이다. 하늘, 땅, 사람을 본뜬 것을 취하여

而三才之道備矣。然三才爲萬物 이 삼재지도비의 연삼재위만물	삼재(三才)[19]의 도리가 갖추어졌다. 그러나 삼재[19]는 만물의
之先。而天又爲三才之始。猶・一 지선 이천우위삼재지시 유	앞섬이 되고, 하늘은 또한 삼재[19]의 근원이니, 마치 ・와 ㅡ와
ㅣ三字爲八聲之首。而・又爲三 　삼자위팔성지수 이 우위삼	ㅣ 세 글자가 여덟 글자의 우두머리가 되고, ・또한 세
字之冠也。ㅗ初生於天。天一生水 자지관야 초생어천 천일생수	글자의 으뜸이 되는 것과 같다. ㅗ는 처음으로 하늘에서 생겨나니, 天 一이고 물을 낳는
之位也。ㅏ次之。天三生木之位也。 지위야 차지 천삼생목지위야	자리이다. ㅏ는 그다음이니, 天 三이고 나무를 낳는 자리다.
ㅜ初生於地。地二生火之位也。ㅓ 초생어지 기이생화지위야	ㅜ는 처음으로 땅에서 생겨나니, 地 二이고 불을 낳는 자리다. ㅓ는
次之。地四生金之位也。ㅛ再生於 차지 지사생금지위야 재생어	그다음이니, 地 四이고 쇠를 낳는 자리다. ㅛ는 두 번째로
天。天七成火之數也。ㅑ次之。天九 천 천칠성화지수야 차지 천구	하늘에서 생겨나니, 天 七이고 불을 이루어 내는 수이다. ㅑ는 그다음이니, 天 九이고

---

18) 靈長(신령 령/긴 장) : 묘한 힘을 가진 우두머리라는 뜻으로, '사람'을 이르는 말.

19) 三才(석 삼/재주 재) : 음양설에서 만물을 제재한다는 뜻으로, 하늘[天]과 땅[地]과 사람[人]을 뜻함.

한문 (원문·음)	번역
成金之數也。ㅠ再生於地。地六成 성 금 지 수 야　　　재 생 어 지　지 육 성	쇠를 이루어 내는 수이다. ㅠ는 두 번째로 땅에서 생겨나니, 地 六이고
水之數也。ㅕ次之。地八成木之數 수 지 수 야　ㅕ 차 지　지 팔 성 목 지 수	물을 이루어 내는 수이다. ㅕ는 그다음이니, 地 八이고 나무를 이루어내는 수이다.
也。水火未離乎氣。陰陽交合之初。 야　수 화 미 이 호 기　음 양 교 합 지 초	물과 불은 아직 氣에서 벗어나지 못하여, 음양이 사귀어 어우르는 시초이다.
故闔。木金陰陽之定質。故闢。·天 고 합　목 금 음 양 지 정 질　고 벽　·천	그러므로 (입이) 닫힌다. 나무와 쇠는 음양이 고정된 바탕이다. 그러므로, 열린다. ·는 天
五生土之位也。一地十成土之數 오 생 토 지 위 야　一 지 십 성 토 지 수	五이고 흙을 낳는 자리이다. 一는 地 十이고 흙을 이루어내는 수이다.
也。ㅣ獨無位數者。蓋以人則無極 야　ㅣ 독 무 위 수 자　개 이 인 즉 무 극	ㅣ만 홀로 자리와 수가 없는 것은, 아마 사람은 무극(無極)[20]의
之真。二五之精。妙合而凝。固未可 지 진　이 오 지 정　묘 합 이 응　고 미 가	진리와 二五[음양오행]의 정수(精髓)[21]가 묘하게 합하고 엉기어서, 본디 자리를
以定位成數論也。是則中聲之中 이 정 위 성 수 논 야　시 즉 중 성 지 중	정하고 수를 이루어 냄으로써 논할 수 없음일 것이다. 이는 곧 가운뎃소리 가운데에도

한문 (원문·음)	번역
亦自有陰陽五行方位之數也。以 역 자 유 음 양 오 행 방 위 지 수 야　이	또한 스스로 음양·오행[3]·방위의 수가 있음이다.
初聲對中聲而言之。陰陽。天道也。 초 성 대 중 성 이 언 지　음 양　천 도 야	초성으로써 가운뎃소리에 대해 말하자면, 음과 양은 하늘의 도리이고,
剛柔。地道也。中聲者。一深一淺一 강 유　지 도 야　중 성 자　일 심 일 천 일	단단함과 부드러움은 땅의 도리이다. 가운뎃소리란, 하나가 깊으면 하나는 얕고, 하나가
闔一闢。是則陰陽分而五行之氣 합 일 벽　시 즉 음 양 분 이 오 행 지 기	닫히면 하나가 열리니, 이는 곧 음양이 나뉘고 오행[3]의 기운이
具焉。天之用也。初聲者。或虛或實 구 언　천 지 용 야　초 성 자　혹 허 혹 실	갖추어짐이니, 하늘의 작용이다. 첫소리란, 어떤 것은 비어 있고, 어떤 것은 차 있으며,
或颺或滯或重若輕。是則剛柔著 혹 양 혹 체 혹 중 약 경　시 즉 강 유 저	어떤 것은 날리고, 어떤 것은 걸리며, 어떤 것은 무겁거나 가벼우니, 이는 곧 단단함과 부드러움이 나타나서
而五行之質成焉。地之功也。中聲 이 오 행 지 질 성 언　지 지 공 야　중 성	오행[3]의 바탕을 이룸이니, 땅의 공로이다. 가운뎃소리가
以深淺闔闢唱之於前。初聲以五 이 심 천 합 벽 창 지 어 전　초 성 이 오	깊고 얕음과 오므려지고 펴짐으로써 앞에서 부르면, 첫소리가 오

---

20) 無極(없을 무/다할 극) : 동양 철학에서, 우주의 본체인 태극의 맨 처음 상태를 이르는 말.

21) 精髓(쌀슳을 정/골수 수) : 뼈속에 있는 골수. 사물의 중심이 되는 골자 또는 요점이라는 의미로 쓰임.

音清濁和之於後。而為初亦為終 음 청 탁 화 지 어 후 이 위 초 역 위 종	음(五音)[4]과 청탁으로써 뒤에서 화답하여, 첫소리가 되고 또 끝소리가 된다.
亦可見萬物初生於地。復歸於地 역 가 견 만 물 초 생 어 지 복 귀 어 지	또한, 만물이 처음 땅에서 나서 다시 땅으로 돌아감을 볼 수 있다.
也。以初中終合成之字言之。亦有 야 이 초 중 종 합 성 지 자 언 지 역 유	첫소리·가운뎃소리·끝소리가 합하여 이룬 글자로써 말하자면, 또한
動靜互根陰陽交變之義焉。動者。 동 정 호 근 음 양 교 변 지 의 언 동 자	움직임과 멈추어 있음이 서로 근본이 되고 음과 양이 서로 바뀌는 뜻이 있는 것이다. 움직이는 것은
天也。靜者。地也。兼乎動靜者。人也。 천 지 정 자 지 야 겸 호 동 정 자 인 야	하늘이요, 멈추어 있는 것은 땅이요, 움직임과 멈추어 있음을 겸한 것은 사람이다.
盖五行在天則神之運也。在地則 개 오 행 재 천 즉 신 지 운 야 재 지 즉	생각건대, 오행(五行)[3]이 하늘에 있어서는 신(神)의 운행이요, 땅에 있어서는
質之成也。在人則仁禮信義智神 질 지 성 야 재 인 즉 인 예 신 의 지 신	바탕의 이룸이요, 사람에 있어서는 인(仁)·예(禮)·신(信)·의(義)·지(智)는 신(神)의
之運也。肝心脾肺腎質之成也。初 지 운 야 간 심 비 폐 신 질 지 성 야 초	운행이요, 간장·심장·비장·폐장·신장은 바탕의 이룸이다. 첫
聲有㪰動之義。天之事也。終聲有 성 유 발 동 지 의 천 지 사 야 종 성 유	소리는 발하여 움직이는 뜻이 있으니, 하늘의 일이다. 끝소리는
止定之義。地之事也。中聲承初之 지 정 지 의 지 지 사 야 중 성 승 초 지	그치고 정해지는 뜻이 있으니, 땅의 일이다. 가운뎃소리는 첫소리가
生。接終之成。人之事也。盖字韻之 생 접 종 지 성 인 지 사 야 개 자 운 지	생기는 것을 이어받아, 끝소리가 이루어주는 것을 이어주니, 사람의 일이다. 생각건대, 자운의
要。在於中聲。初終合而成音。亦猶 요 재 어 중 성 초 종 합 이 성 음 역 유	핵심은 가운뎃소리에 있어, 첫소리와 끝소리를 합하여 소리를 이룬다. 또한, 마치
天地生成萬物。而其財成輔相則 천 지 생 성 만 물 이 기 재 성 보 상 즉	천지가 만물을 이루어도, 그것을 재성보상(財成輔相)[22]하려면
必賴乎人也。終聲之復用初聲者。 필 뢰 호 인 야 종 성 지 부 용 초 성 자	반드시 사람에 힘입어야 하는 것과 같다. 끝소리를 첫소리에 다시 쓰는 것은,
以其動而陽者乾也。靜而陰者亦 이 기 동 이 양 자 건 야 정 이 음 자 역	그것이 움직여서 양(陽)인 것도 건(乾)이요, 멈추어서 음(陰)인 것도 또한
乾也。乾實分陰陽而無不君宰也。 건 야 건 실 분 음 양 이 무 불 군 재 야	건(乾)이니, 건(乾)은 사실 음양(陰陽)이 나뉘어 다스리지 않음이 없기 때문이다.

22) 財成輔相(재물 재/이룰 성/덧방나무 보/서로 상) : 좋은 상태가 되도록 돕는 것. 〈주역〉에 財成은 천지의 道이고, 輔相은 천지의 의(宜)가 된다고 하였음.

一元之氣。周流不窮。四時之運。循 일 원 지 기　주 류 불 궁　사 시 지 운　순	일원(一元)의 기운이 두루 흘러서 다함이 없고, 네 계절의 운행이 순
環無端。故貞而復元。冬而復春。初 환 무 단　고 정 이 부 원　동 이 부 춘　초	환하여 끝이 없는 까닭으로, 정(貞)[23]이 가서 다시 원(元)[23]이 오고, 겨울이 가서 다시 봄이 오는 것이다. 첫
聲之復為終。終聲之復為初。亦此 성 지 부 위 종　종 성 지 부 위 초　역 차	소리가 다시 끝소리로 됨도, 끝소리가 다시 첫소리가 됨도, 또한 이러한
義也。吁。正音作而天地萬物之理 의 야　우　정 음 작 이 천 지 만 물 지 리	뜻이다. 아아! 정음이 만들어져서 천지 만물의 이치가
咸備。其神矣哉。是殆天啓 함 비　기 신 의 재　시 태 천 계	모두 갖추어졌으니, 그 신령함이여! 이는 분명 하늘이
聖心而假手焉者乎。訣曰 성 심 이 가 수 언 자 호　결 왈	성인의 마음을 열어 솜씨를 빌려주신 것이로다. 요결(要訣)[24]로 말하자면:
天地之化本一氣 천 지 지 화 본 일 기	천지의 조화는 본래 하나의 기로,
陰陽五行相始終 음 양 오 행 상 시 종	음양·오행[3]은 서로 처음과 끝이다.

物於兩間有形聲 물 어 양 간 유 형 성	만물이 둘 사이에서 형체와 소리가 있으니,
元本無二理數通 원 본 무 이 이 수 통	근본은 둘이 아니므로 이치와 수가 통한다.
正音制字尚其象 정 음 제 자 상 기 상	정음의 글자 만듦에는 그 모양을 중요시해,
因聲之厲每加畫 인 성 지 려 매 가 획	소리의 세기에 의해 그때마다 획을 더했다.
音出牙舌脣齒喉 음 출 아 설 순 치 후	소리는 어금니·혀·입술·이·목구멍에서 나오니,
是為初聲字十七 시 위 초 성 자 십 칠	이것이 첫소리가 되어서 글자는 열일곱이로다.
牙取舌根閉喉形 아 취 설 근 폐 후 형	어금닛소리는 혀뿌리가 목구멍을 막는 모양이니,
唯業似欲取義別 유 업 사 욕 취 의 별	단, ㆁ[業]은 ㅇ[欲]과 비슷하나, 뜻을 취함이 다르다.

---

23) 元亨利貞(으뜸 원/형통할 형/이로울 리/곧을 정) : 사물의 근본 되는 원리, 元은 봄으로 만물의 시초, 亨은 여름으로 만물이 자라고, 利는 가을로 만물이 이루어지고, 貞은 겨울로 만물을 거둠을 뜻함.

24) 要訣(구할 요/비결 결) : 가장 중요한 방법이나 긴요한 뜻.

舌迺象舌附上腭 설 내 상 설 부 상 악	혓소리는 혀끝이 윗잇몸에 붙은 모양이고,
脣則實是取口形 순 즉 실 시 취 구 형	입술소리는 바로 입의 모양을 그대로 취한 것이다.
齒喉直取齒喉象 치 후 직 취 치 후 상	잇소리와 목구멍소리는 바로 이와 목구멍 모양이니,
知斯五義聲自明 지 사 오 의 성 자 명	이 다섯 가지의 뜻을 알면 소리가 스스로 밝아질 것이다.
又有半舌半齒音 우 유 반 설 반 치 음	또 반혓소리와 반잇소리가 있으나,
取象同而體則異 취 상 동 이 체 즉 이	모양 취함은 같되 형체가 다르다.
那彌戌欲聲不厲 나 미 술 욕 성 불 려	ㄴ[那]·ㅁ[彌]·ㅅ[戌]·ㅇ[欲]은 소리가 세지 않아서
次序雖後象形始 차 서 수 후 상 형 시	차례는 비록 뒤로되, 상형은 시초다.

配諸四時與冲氣 배 제 사 시 여 충 기	사계절과 충기(冲氣)[25]에 배합이 되어서,
五行五音無不協 오 행 오 음 무 불 협	오행[3]과 오음[4]에 맞지 않음이 없다.
維喉爲水冬與羽 유 후 위 수 동 여 우	목구멍소리는 水(수)이니 겨울이요 羽(우)[5]며,
牙迺春木其音角 아 내 춘 목 기 음 각	어금닛소리는 봄이고 木(목)이며 그 음은 角(각)[6]이며,
徵音夏火是舌聲 치 음 하 화 시 설 성	徵(치)[7]음은 여름이고 火이니 바로 혓소리이며,
齒則商秋又是金 치 즉 상 추 우 시 금	잇소리는 商(상)[8]이고 가을이니 또 바로 金(금)이며,
脣於位數本無定 순 어 위 수 본 무 정	입술소리는 위수(位數)에 본디 정함이 없으나,
土而季夏爲宮音 토 이 계 하 위 궁 음	土(토)이면서 계절은 여름이고, 宮(궁)[9]음이 된다.

---

25) 冲氣(빌 충/기운 기) : 冲和之氣, 곧 천지간의 조화된 기운.

聲音又自有清濁 성 음 우 자 유 청 탁	말소리에는 또 제각기 맑고 흐림이 있으니,
要於初發細推尋 요 어 초 발 세 추 심	첫소리 날 때에 자세히 살펴서 찾아내야 한다.
全淸聲是君斗彆 전 청 성 시 군 두 별	전청(全淸)[10] 소리는 ㄱ[君]·ㄷ[斗]·ㅂ[彆]이며,
卽戌挹亦全淸聲 즉 술 읍 역 전 청 성	ㅈ[卽]·ㅅ[戌]·ㆆ[挹] 또한 전청[10] 소리이고
若迺快呑漂侵虛 약 내 쾌 탄 표 침 허	ㅋ[快]·ㅌ[呑]·ㅍ[漂]·ㅊ[侵]·ㅎ[虛]와 같은 것은
五音各一爲次淸 오 음 각 일 위 차 청	다섯 음이 다 각기 차청(次淸)[11]이 된다.
全濁之聲虯覃步 전 탁 지 성 규 담 보	전탁(全濁)[12]의 소리에는 ㄲ[虯]·ㄸ[覃]·ㅃ[步]와
又有慈邪亦有洪 우 유 자 사 역 유 홍	또한 ㅉ[慈]·ㅆ[邪]가 있고, 또 ㆅ[洪]가 있는데,

全淸並書爲全濁 전 청 병 서 위 전 탁	전청[10]을 나란히 쓰면 전탁[12]이 되나,
唯洪自虛是不同 유 홍 자 허 시 부 동	ㆅ[洪]만은 ㅎ[虛]에서 나와 이만 다르다.
業那彌欲及閭穰 업 나 미 욕 급 여 양	ㆁ[業]·ㄴ[那]·ㅁ[彌]·ㅇ[欲] 및 ㄹ[閭]·ㅿ[穰]는,
其聲不淸又不濁 기 성 불 평 우 불 탁	그 소리가 불청(不淸)[13]이고 또 불탁(不濁)[13]이다.
欲之連書爲脣輕 욕 지 연 서 위 순 경	ㅇ[欲]를 이어 쓰면 곧 입술가벼운소리가 되어,
喉聲多而脣乍合 후 성 다 이 순 사 합	목구멍소리가 많고 입술은 잠깐 합친다.
中聲十一亦取象 중 성 십 일 역 취 상	가운뎃소리 열하나도 또한 모양을 취하였으나,
精義未可容易觀 정 의 미 가 용 이 관	깊은 의의는 쉽게 볼 수 없으리라.

呑擬於天聲最深 탄 의 어 천 성 최 심	· [呑]는 하늘을 본떠 소리가 가장 깊다.
所以圓形如彈丸 소 이 원 형 여 탄 환	때문에 둥근 모양은 곧 탄환과 같다.
卽聲不深又不淺 즉 성 불 심 우 불 천	ㅡ[卽] 소리는 깊지도 얕지도 않으니,
其形之平象乎地 기 형 지 평 상 호 지	그 모양의 평평함은 땅을 본떴다.
侵象人立厥聲淺 침 상 인 립 궐 성 천	ㅣ[侵]는 사람이 서 있는 모양으로 그 소리는 얕아서
三才之道斯爲備 삼 재 지 도 사 위 비	삼재(三才)[19]의 도리가 이같이 갖추어졌도다.
洪出於天尙爲闔 홍 출 어 천 상 위 합	ㅗ[洪]는 하늘에서 나와서 닫혀 있으니,
象取天圓合地平 상 취 천 원 합 지 평	하늘의 둥긂과 땅의 평평함을 취했다.

覃亦出天爲已闢 담 역 출 천 위 이 벽	ㅏ[覃] 또한 하늘에서 나와 열려있으니,
發於事物就人成 발 어 사 물 취 인 성	사물에서 피어나서 사람이 이룬 것이다.
用初生義一其圓 용 초 생 의 일 기 원	처음 생긴 뜻을 적용해 둥근 점은 하나요,
出天爲陽在上外 출 천 위 양 재 상 외	하늘에서 나와 양이 되니 위와 밖에 있다.
欲穰兼人爲再出 욕 양 겸 인 위 재 출	ㅛ[欲]·ㅑ[穰]는 사람을 겸해 두 번째 생김이 되니,
二圓爲形見其義 이 원 위 형 견 기 의	두 둥근 점이 형태가 되어 그 뜻을 보인다.
君業戌瞥出於地 군 업 술 별 출 어 지	ㅜ[君]·ㅓ[業]·ㅠ[戌]·ㅕ[瞥]가 땅에서 나와서 글자가 된 것은,
據例自知何須評 거 례 자 지 하 회 평	예로 미루어서 저절로 알게 되니 어찌 평해야 하리.

呑之爲字貫八聲 탄 지 위 자 관 팔 성	·[呑]가 여덟 소리에 모두 들어 있는 것은,
維天之用徧流行 유 천 지 용 편 유 행	하늘의 작용이 두루 흘러가기 때문이다.
四聲兼人亦有由 사 성 겸 인 역 유 유	사성(四聲)[26]이 사람을 겸하는 것도 까닭이 있으니,
人參天地爲最靈 인 참 천 지 위 최 령	사람이 천지에 참여해서, 가장 뛰어나기 때문이다.
且就三聲究至理 차 취 삼 성 구 지 리	또 삼성(三聲)의 지극한 이치를 탐구하면,
自有剛柔與陰陽 자 유 강 유 여 음 양	단단함과 부드러움, 음과 양이 저절로 있도다.
中是天用陰陽分 중 시 천 용 음 양 분	가운뎃소리는 하늘의 작용으로 음과 양으로 나뉘고,
初迺地功剛柔彰 초 내 지 공 강 유 창	첫소리는 땅의 공로로 강함과 연함이 드러난다.

中聲唱之初聲和 중 성 창 지 초 성 화	가운뎃소리가 부르면, 첫소리가 화답하나니,
天先乎地理自然 천 선 호 지 리 자 연	하늘이 땅에 앞섬은 자연의 이치다.
和者爲初亦爲終 화 자 위 초 역 위 종	화답하는 것이 첫소리도 되고 끝소리도 되는 이유는,
物生復歸皆於坤 물 생 복 귀 개 어 곤	만물이 모두 땅을 통해 나고 돌아가기 때문이다.
陰變爲陽陽變陰 음 변 위 양 양 변 음	음이 변해 양이 되고, 양이 변해 음이 되니,
一動一静互爲根 일 동 일 정 호 위 근	움직임과 멈춰 있음이 서로 근본이 되도다.
初聲復有發生義 초 성 부 유 발 생 의	첫소리는 다시 발생하는 의미가 있으니,
爲陽之動主於天 위 양 지 동 주 어 천	양의 움직임이 되어 하늘을 맡음이다.

---

26) 四聲(넉 사/소리 성) : 훈민정음에서, 중세 국어의 성조를 중국의 전통적 술어인 평성, 상성, 거성, 입성을 그대로 적용하여 네 종류로 나눈 것을 통틀어 이르는 말. 글자 왼쪽 곁에 방점을 찍어 표시함.

終聲比地陰之靜 종 성 비 지 음 지 정	끝소리는 땅에 비유돼 음의 멈춤이 있으니,
字音於此止定焉 자 음 어 차 지 정 언	글자의 소리는 여기서 그쳐서 정해진다.
韻成要在中聲用 운 성 요 재 중 성 용	운모가 이루어지는 핵심은, 가운뎃소리의 작용에 있으니,
人能輔相天地宜 인 능 보 상 천 지 의	사람이 능히 하늘과 땅의 마땅함을 돕기 때문이다.
陽之爲用通於陰 양 지 위 용 통 어 음	양의 작용은 음에도 통하여,
至而伸則反而歸 지 이 신 즉 반 이 귀	이르러 펴면 도로 돌아가니,
初終雖云分兩儀 초 종 수 운 분 양 의	첫소리와 끝소리가 비록 양의[27]로 나뉜다고 해도,
終用初聲義可知 종 용 초 성 의 가 지	끝소리에 첫소리를 다시 쓴 뜻은 알 수 있다.

正音之字只廿八 정 음 지 자 지 입 팔	정음의 글자는 오직 스물여덟 글자일 뿐이지만,
探賾錯綜窮深幾 탐 새 착 종 궁 심 기	얽힘을 찾아 밝히고, 깊고 미묘함을 탐구한 것이다.
指遠言近牖民易 지 원 언 근 용 민 이	의향은 멀어도 말은 가까워, 백성을 이끌기 쉬우니,
天授何曾智巧爲 천 수 하 증 지 교 위	하늘이 주심이지 어찌 지혜와 기교로 만들었으리 요.

---

27) 兩儀(두 양/거동 의) : 양(陽)과 음(陰). 또는 하늘과 땅.

5. 초성해

初聲解 초 성 해	초성(첫소리)에 대한 풀이
正音初聲。即韻書之字母也。聲音 정 음 초 성　즉 운 서 지 자 모 야　성 음	정음의 첫소리는 운서[14]의 자모이다. 성음이
由此而生。故曰母。如牙音君字初 유 차 이 생　고 왈 모　여 아 음 군 자 초	이로 말미암아서 생겨났다. 그러므로 모라고 한다. 어금닛소리는 君[군]자 첫
聲是ㄱ。ㄱ與ㅡ而為군。快字初聲 성 시　　여　이 위　군　쾌 자 초 성	소리는 ㄱ이니, ㄱ와 ㅡ이 어울려 군이 된다. 快[쾡]자 첫소리는
是ㅋ。ㅋ與ㅙ而為쾌。虯字初聲是 시　　여　이 위　규 자 초 성 시	ㅋ이니, ㅋ와 ㅙ가 어울려 쾌가 된다. 虯[뀨]자의 첫소리는 바로
ㄲ。ㄲ與ㅠ而為끃。業字初聲是ㆁ。 　　여　이 위　끃　업 자 초 성 시	ㄲ이니, ㄲ와 ㅠ가 어울려 끃가 된다. 業[업]자 첫소리는 ㆁ이니,
ㆁ與ㅓ而為업之類。舌之斗吞覃 여　이 위　지 류　설 지 두 탄 담	ㆁ와 ㅓ이 합하여 업이 되는 유(類)와 같은 것이다. 혓소리는 ㄷ[斗], ㅌ[呑], ㄸ[覃]와
那。脣之彆漂步彌。齒之即侵慈戌 나　순 지 별 표 보 미　치 지 즉 침 자 술	ㄴ[那]이고, 입술소리는 ㅂ[彆], ㅍ[漂], ㅃ[步], ㅁ[彌]이다. 잇소리는 ㅈ[即]와 ㅊ[侵]와 ㅉ[慈]와 ㅅ[戌]와
邪。喉之挹虛洪欲。半舌半齒之閭 사　후 지 읍 허 홍 욕　반 설 반 치 지 여	ㅆ[邪]이고, 목구멍소리는 ㆆ[挹]와 ㅎ[虛]와 ㆅ[洪]와 ㅇ[欲]이다. 반혓소리, 반잇소리는 ㄹ[閭]와
穰。皆倣此。訣曰 양　개 방 차　결 왈	ㅿ[穰]이니 모두 이것을 모방하였다. 요결[24]로 말하자면:
君 快 虯 業 其 聲 牙 군 쾌 규 업 기 성 아	ㄱ[君]와 ㅋ[快]와 ㄲ[虯]와 ㆁ[業]는 그 소리가 어금닛소리이고
舌 聲 斗 吞 及 覃 那 설 성 두 탄 급 담 나	혓소리는 ㄷ[斗]와 ㅌ[呑]와 ㄸ[覃]와 ㄴ[那]이고
彆 漂 步 彌 則 是 脣 별 표 보 미 즉 시 순	ㅂ[彆]와 ㅍ[漂]와 ㅃ[步]와 ㅁ[彌] 이것은 입술소리이고
齒 有 即 侵 慈 戌 邪 치 유 즉 침 자 술 사	잇소리는 ㅈ[即]와 ㅊ[侵]와 ㅉ[慈]와 ㅅ[戌]와 ㅆ[邪]이고
挹 虛 洪 欲 迺 喉 聲 읍 허 홍 욕 내 후 성	ㆆ[挹]와 ㅎ[虛]와 ㆅ[洪]와 ㅇ[欲]는 곧 목구멍소리이며
閭 為 半 舌 穰 半 齒 여 위 반 설 양 반 치	ㄹ[閭]는 반설음, ㅿ[穰]는 반잇소리이니
二 十 三 字 是 為 母 이 십 삼 자 시 위 모	스물 석자 이것이 자모(字母)가 되어
萬 聲 生 生 皆 自 此 만 성 생 생 개 자 차	온갖 소리가 생겨남은 모두 이로부터 생긴다.

6. 중성해

中聲解 중 성 해	중성(가운뎃소리)에 대한 풀이
中聲者。居字韻之中。合初終而成 중성자 거자운지중 합초종이성	가운뎃소리라는 것은 자운의 가운데 놓여 첫소리. 끝소리와 합하여져 음을 이룬다.
音。如吞字中聲是・・・居ㅌㄴ之 음 여탄자중성시 거 지	마치 吞[툰]자의 가운뎃소리가 바로 ・인데, ・가 ㅌ와 ㄴ의
間而為튼。即字中聲是一。一居ㅈ 간이위 즉자중성시 거	사이에 있어 튼이 되고, 即[즉]자의 가운뎃소리는 바로 ―인데, ―가 ㅈ와
ㄱ之間而為즉。侵字中聲是ㅣ。ㅣ 지간이위 침자중성시	ㄱ의 사이에 있어 즉이 되고, 侵[침]자의 가운뎃소리는 바로 ㅣ인데, ㅣ가
居ㅊㅁ之間而為침之類。洪覃君 거 지간이위 지류 홍 담 군	ㅊ와 ㅁ의 사이에 있어 침이 되는 유와 같다. ㅗ[洪(萼)], ㅏ[覃(땀)], ㅜ[君(군)]
業欲穰戌彆。皆倣此。二字合用者。 업욕양술별 개방차 이자합용자	ㅓ[業(업)], ㅛ[欲(욕)], ㅑ[穰(상)], ㅠ[戌(슗)], ㅕ[彆(볋)] 모두 이를 준거한다. 두 글자를 함께 쓰는 것은
ㅗ與ㅏ同出於・・故合而為ㅘ。ㅛ 여 동출어 고합이위	ㅗ와 ㅏ는 함께 ・에서 나왔으므로 합하여 ㅘ가 되고, ㅛ
與ㅑ又同出於ㅣ。故合而為ㅘ。ㅠ 여 우동출어 고합이위	와 ㅑ도 또 함께 ㅣ에서 나왔으므로 합하여 ㅘ가 되고, ㅠ
與ㅓ同出於―。故合而為ㅝ。ㅠ與 고합이위 여	와 ㅓ가 함께 ―에서 나왔으므로 합하여 ㅝ가 되고, ㅠ와
ㅕ又同出於ㅣ。故合而為ㅞ。以其 우동출어 고합이위 이기	ㅕ는 또 함께 ㅣ에서 나왔으므로 합하여 ㅞ가 된다. 그들은
同出而為類。故相合而不悖也。一 동출이위류 고상합이불패야 일	한 가지에서 나와서 무리가 되었으므로 서로 합하여도 어그러지지 않는다. 한
字中聲之與ㅣ相合者十。・ㅣ―ㅢ 자중성지여 상합자십	글자로 된 가운뎃소리로서 와 서로 합하여지는 것은 열이니, ㅓ, ㅢ, ㅚ,
ㅐ ㅟ ㅔ ㅚ ㅒ ㅖ ㅖ是也。二字中聲。 시야 이자중성	ㅐ, ㅟ, ㅔ, ㅚ, ㅒ, ㅖ, ㅖ, ㅖ가 이것이요. 두 글자로 된 가운뎃소리로서
之與ㅣ相合者四。ㅙ ㅞ ㅙ ㅞ是也。 지여 상합자사 시야	ㅣ와 서로 합하여지는 것은 넷이니, ㅙ, ㅞ, ㅙ, ㅞ가 이것이다.
ㅣ於深淺闔闢之聲。並能相随者 어 심 천 합 벽 지 성 병 능 상 수 자	ㅣ가 심천합벽(深淺闔闢)[28]의 소리에 두루 능히 서로 따를 수 있는 것은,

---

28) 深淺闔闢(깊을 심/얕을 천/문짝 합/열 벽) : 훈민정음 중성의 자질을 말함. 深淺은 조음할 때 혀의 자리에 따라 규정한 말이고, 闔闢은 조음할 때 입의 모양에 따라 규정한 말임.

以其舌展聲淺而便於開口也。亦 이 기 설 전 성 천 이 편 어 개 구 야 역	그것이 혀가 펴지고, 소리가 얕아서 입을 벌리기에 편하기 때문이다. 또한
可見人之參贊開物而無所不通 가 견 인 지 참 찬 개 물 이 무 소 불 통	가히 사람이 참찬하여 만물을 여는데, 통하지 않는 바가 없음을 볼 수 있는 것이다.
也。訣曰 야 결 왈	요결[24]로 말하자면:
母字之音各有中 모 자 지 음 각 유 중	모음 자의 음마다 각기 맞음이 있으니
須就中聲尋闢闔 수 취 중 성 심 벽 합	모름지기 가운뎃소리를 찾으면 벽합[29]을 이루리라
洪覃自呑可合用 홍 담 자 탄 가 합 용	ㅗ[洪]와 ㅏ[覃]는 ·[呑]에서 가히 함께 쓴 것이고
君業出則亦可合 군 업 출 즉 역 가 합	ㅓ[君]와 ㅓ[業]가 나가면 또한 가히 합한다.
欲之與穰戌與瞥 욕 지 여 양 술 여 별	ㅛ[欲]는 ㅑ[穰]와 ㅠ[戌]는 ㅕ[瞥]와
各有所從義可推 각 유 소 종 의 가 추	각기 좇는 바의 의미를 가히 유추할 수 있다.
侵之為用最居多 침 지 위 용 최 거 다	ㅣ[侵]의 쓰이게 됨이 가장 많이 있어서
於十四聲徧相隨 어 십 사 성 편 상 수	열넷의 소리에 두루 서로 따른다.

---

29) 闢闔(열 벽/문짝 합) : 열리고 닫힌다는 뜻. 闢은 입을 벌리는 것을 말하는데 훈민정음 중성의 'ㅏㅓㅑㅕ'가 해당이 되고, 闔은 조음할 때 입을 오므리는 것을 말하는데 훈민정음 중성의 'ㅗㅜㅛㅠ'가 해당 됨.

7. 종성해

終聲解 종성해	종성(끝소리)에 대한 풀이
終聲者。承初中而成字韻。如即字 종성자 승초중이성자운 여즉자	끝소리란 것은 첫소리와 끝소리를 이어서 자운을 이루는 것이다. 가령 即(즉) 자의
終聲是ㄱ。ㄱ居즈終而為즉。洪字。 종성시 거 종이위 홍자	끝소리가 바로 이니 ㄱ는 ㄱ의 즈끝에 있어서 즉이 됐되고 洪(홍)자의
終聲是ㆁ。ㆁ居ᄈ終而為ᄬ之類 종성시 거 종이위 지류	끝소리는 바로 ㆁ이니 ㆁ가 ᄈ의 끝에 있으면 ᄬ이 되는 유(類)이다.
舌脣齒喉皆同。聲有緩急之殊。故 설순치후개동 성유완급지수 고	혓소리 입술소리 잇소리 목구멍소리도 모두 같다. 소리에는 느리고 빠름의 다름이 있으므로
平上去其終聲不類入聲之促急 평 상 거 기 종성불류입성지촉급	평성(平聲)[30], 상성(上聲)[31], 거성(去聲)[32]은 그 끝소리가 입성(入聲)[33]의 촉급과 같지 않고
不清不濁之字。其聲不厲。故用於 불 청 불 탁지자 기성불려 고용어	불청불탁(不淸不濁)[13]의 글자는 그 소리가 세지 않다. 그러므로 끝소리에 쓰면
終則宜於平上去。全清次清全濁 종 즉 의 어 평 상 거 전 청 차 청 전 탁	평성[30], 상성[31] 거성[32]에 마땅하다. 전청[10], 차청[11], 전탁[12]
之字。其聲為厲。故用於終則宜於 지자 기성위려 고용어종즉의어	의 글자는 그 소리가 세게 된다. 그러므로 끝에서 쓰이면 입성[33]에 마땅하다.
入。所以ㆁㄴㅁㅇㄹㅿ六字為平 입 소이 육자위평	까닭에 ㆁ, ㄴ, ㅁ, ㅇ, ㄹ, ㅿ 여섯 자는 평성[30]
上去聲之終。而餘皆為入聲之終 상 거 경지종 이여개위입성지종	상성[31], 거성[32]의 끝이 된다. 그리고 나머지는 모두 입성[33]의 끝이 된다.
也。然ㄱㆁㄷㄴㅂㅁㅅㄹ八字可 야 연 팔자가	그러므로 ㄱ, ㆁ, ㄷ, ㄴ, ㅂ, ㅁ, ㅅ, ㄹ 여덟 자만으로도 가히
足用也。如빗곶為梨花。영·의갗為 족용야 여 위이화 위	족히 쓸 수 있다. 빗곶은 배꽃[梨花]이 되고 영·의갗은
狐皮。而ㅅ字可以通用。故只用ㅅ 호피 이 자가이통용 고지용	여우가죽[狐皮]이 된다. 그래서 ㅅ자로서 가히 통해 쓸 수 있다. 그러므로 다만 ㅅ자를 쓴다.
字。且ㅇ聲淡而虛。不必用於終。而 자 차 성담이허 불필용어종 이	또 ㅇ는 소리가 맑으면서 비어 있어서 반드시 끝소리에 쓰지 않아도 된다. 그래서
中聲可得成音也。ㄷ如볃為彆。ㄴ 중성가득성음야 여 위별	가운뎃소리만으로 가히 소리를 이룰 수 있다. ㄷ는 볃과 같이 彆[별]이 되고 ㄴ는

---

30) 平聲(평평할 평/소리 성) : 중세 국어 사성의 하나로 낮은 소리를 일컫는 말.

31) 上聲(윗 상/소리 성) : 중세 국어 사성의 하나. 처음이 낮고 나중이 높은 소리로, 글자에 표시할 때 왼쪽에 점 두 개를 찍음.

32) 去聲(갈 거/소리 성) : 중세 국어 사성의 하나. 높은 소리로, 글자에 표시할 때 왼쪽에 점 하나를 찍음.

33) 入聲(들 입/소리 성) : 중세 국어 사성의 하나. 소리의 높낮이와는 별도로, 종성이 'ㄱ, ㄷ, ㅂ'로 끝나는 음절들을 묶은 것이다.

如군為君。ㅂ如업為業。ㅁ如땀為 _{여 위군 여 위업 여 위}	군과 같이 君[군]이 되고 ㅂ는 업과 같이 業[업]이 되고 ㅁ는 땀과 같이
覃。ㅅ如諺語옷為衣。ㄹ如諺語:실 _{담 여언어 위의 여언어}	覃[땀]이 된다. ㅅ는 우리말의 옷과 같이 衣(옷 의)가 되고 ㄹ는 우리말의 :실과 같이
為絲之類。五音之緩急。亦各自為 _{위사지류 오음지완급 역각자위}	絲가 되는 유(類)이다. 오음(五音)⁴⁾은 느리고 빠름 이 또한 각기 저절로
對。如牙之ㆁ與ㄱ為對。而ㆁ促呼 _{대 여아지 여 위대 이 촉호}	대(對)가 되어서 牙(아)가 ㆁ와 ㄱ의 대(對)가 됨 과 같다. 그러나 는 빠르게 부르면
則變為ㄱ而急。ㄱ舒出則變為ㆁ _{즉변위 이급 서출즉변위}	변하여 ㄱ가 되어 급해지고 ㄱ를 천천히 내면 변 하여 ㆁ가 되어서
而緩。舌之ㄴㄷ。脣之ㅁㅂ。齒之ㅿ _{이완 설지 순지 치지}	느려진다. 혓소리의 ㄴ, ㄷ와 입술소리의 ㅁ, ㅂ와 잇소리의 ㅿ,
ㅅ。喉之ㅇㆆ。其緩急相對。亦猶是 _{후지 기완급상대 역유시}	ㅅ와 목구멍소리의 ㅇ, ㆆ는 그 느리고 빠름의 상대가 또한 이와 같다.
也。且半舌之ㄹ。當用於諺。而不可 _{야 차반설지 당용어언 이불가}	또 반혓소리의 ㄹ는 마땅히 우리말에 쓰이지만 그러나

用於文。如入聲之彆字。終聲當用 _{용어문 여입성지별자 종성당용}	한문에는 쓸 수 없으니 입성³³⁾의 彆자가 끝소리에 서는 마땅히 ㄷ를 쓰는 것과 같다.
ㄷ。而俗習讀為ㄹ。盖ㄷ變而為輕 _{이속습독위 개 변이위경}	그래서 시속에서는 익힐 때 ㄹ로 읽는다. 대개 ㄷ가 변하여서 가볍게 되는 것이다.
也。若用ㄹ為彆之終。則其聲舒緩 _{야 약용 위별지종 즉기성서완}	만약 ㄹ를 彆의 끝소리로 쓴다면 그 소리가 느리 어
不為入也。訣曰 _{불위입야 결왈}	입성³³⁾이 되지 않는다. 요결²⁴⁾로 말하자면:
不清不濁用於終 _{불청불탁용어종}	불청불탁¹³⁾을 끝소리에 쓴다면
為平上去不為入 _{위평상거불위입}	평³⁰⁾, 상³¹⁾, 거성³²⁾이 되고 입성³³⁾이 되지 않으며
全清次清及全濁 _{전청차청급전탁}	전청¹⁰⁾과 차청¹¹⁾ 및 전탁¹²⁾은
是皆為入聲促急 _{시개위입성촉급}	이것은 모두 입성³³⁾이 되어 촉급하다.

初作終聲理固然 초 작 종 성 리 고 연	첫소리로 끝소리를 짓는 이치는 그러하다.
只將八字用不窮 지 장 팔 자 용 불 궁	다만 장차 여덟 자만 써도 궁하지 않다.
唯有欲聲所當處 유 유 욕 성 소 당 처	오직 ㅇ[欲(욕)] 소리만은 마땅히 처할 바가
中聲成音亦可通 중 성 성 음 역 가 통	가운뎃소리로 음을 이루어 또한 가히 통한다.
若書即字終用君 약 서 즉 자 종 용 군	만약 즉[即] 자를 쓰려면 끝에 ㄱ[君]를 쓰고,
洪彆亦以業斗終 홍 별 역 이 업 두 종	홍[洪], 볃[彆] 또한 업[業]와 ㄷ[斗]가 끝소리이다.
君業覃終又何如 군 업 담 종 우 하 여	군[君], 업[業], 땀[覃]의 끝소리는 또 어떠할까?
以那彆彌次第推 이 나 별 미 차 제 추	ㄴ[那], ㅂ[彆], ㅁ[彌]로써 차례로 미루어 알 수 있다.

六聲通乎文與諺 육 성 통 호 문 여 언	여섯 자의 소리는 한문과 우리말에 통한다.
戌閭用於諺衣絲 술 여 용 어 언 의 사	戌(숧)과 閭(려)는 우리말의 衣(의)와 絲(사)에만 쓰인다.
五音緩急各自對 오 음 완 급 각 자 대	오음[4]의 느리고 빠름이 각기 저절로 대가 되니
君聲迺是業之促 군 성 내 시 업 지 촉	君(군) 소리는 이에 바로 業(업)이 빠르게 된 것이고
斗彆聲緩爲那彌 두 별 성 완 위 나 미	斗(두)와 彆(벊)소리의 느림은 那(낭)와 彌(밍)가 된다.
穰欲亦對戌與挹 양 욕 역 대 술 여 읍	穰(샹) 欲(욕) 또한 戌(숧)과 挹(흡)의 대가 된다
閭宜於諺不宜文 여 의 어 언 불 의 문	閭(령)는 우리말에는 마땅하나 한문에는 마땅하지 않다.
斗輕爲閭是俗習 두 경 위 려 시 속 습	ㄷ[斗(두)]가 가볍게 ㄹ[閭(령)] 됨은 시속의 습관이라

8. 합자해

合字解 합 자 해	합자(글자를 어울려 쓰는)에 대한 풀이
初中終三聲。合而成字。初聲或在 초 중 종 삼 성 합 이 성 자 초 성 혹 재	첫소리, 가운뎃소리, 끝소리의 3성은 어울려야 글자를 이룬다. 첫소리는 혹
中聲之上。或在中聲之左。如君字 중 성 지 상 혹 재 중 성 지 좌 여 군 자	가운뎃소리의 위에 놓이거나 혹은 가운뎃소리의 왼쪽에 놓인다. 君[군]字의
ㄱ在ㅜ上。業字ㆁ在ㅓ左之類。中 재 상 업 자 재 좌 지 류 중	ㄱ가 ㅜ위에 있고 業[업]字의 ㆁ가 ㅓ왼쪽에 있는 유와 같다. 가운뎃
聲則圓者橫者在初聲之下。ㆍㅡ 성 즉 원 자 횡 자 재 초 성 지 하	소리의 둥근 것과 가로로 된 것은 첫소리의 아래에 놓이는데, ㆍ와 ㅡ와
ㅗㅛㅜㅠ是也。縱者在初聲之右。 시 야 종 자 재 초 성 지 우	ㅗ와 ㅛ와 ㅜ와 ㅠ가 이것이다. 세로로 된 것은 첫소리의 오른쪽에 놓이는데,
ㅣㅏㅑㅓㅕ是也。如呑字ㆍ在ㅌ 시 야 여 탄 자 재	ㅣ와 ㅏ와 ㅑ와 ㅓ와 ㅕ가 이것이다. 呑[ᄐᆞᆫ]자의 ㆍ가 ㅌ의
下。即字ㅡ在ㅈ下。侵字ㅣ在ㅊ右 하 즉 자 재 하 침 자 재 우	아래에 있는 것과 같다. 即[즉]字의 ㅡ는 ㅈ의 아래에 있고, 侵[침]字의 ㅣ는 ㅊ의 오른쪽에 놓이는
之類。終聲在初中之下。如君字ㄴ 지 류 종 성 재 초 중 지 하 여 군 자	유와 같다. 끝소리는 첫소리와 가운뎃소리의 아래에 놓인다. 君[군]字의 ㄴ는
在구下。業字ㅂ在어下之類。初聲 재 자 업 자 재 하 지 류 초 성	의 아래에 놓이고, 業[업]자의 ㅂ는 어 아래에 놓이는 유와 같다. 첫소리의
二字三字合用並書。如諺語·ᄯᅡ為 이 자 삼 자 합 용 병 서 여 언 어 위	두 글자나 세 글자를 합쳐서 써서 나란히 쓴다. 우리말의 ·ᄯᅡ가
地。ᄧᅡᆨ為隻。·ᄢᅳᆷ為隙之類。各自並書。 지 위 척 위 극 지 류 각 자 병 서	地(땅 지)가 되고 ᄧᅡᆨ이 隻(짝 척)이 되고 ·ᄢᅳᆷ이 隙(틈 극)이 되는 유와 같다. 각자병서하면
如諺語·혀為舌而·ᅘᅧ為引。괴·여為 여 언 어 위 설 이 위 인 위	우리말 ·혀는 舌(혀 설)이 되지만 ·ᅘᅧ는 引(끌 인)이 되고 괴·여는
我愛人而괴·ᅇᅧ為人愛我。소·다為 아 애 인 이 위 인 애 아 위	'내가 사랑하는 사람'이 되지만 괴·ᅇᅧ라고 하면 '남이 나를 사랑한다'가 되고, 소·다는
覆物而쏘·다為射之之類。中聲二 복 물 이 위 사 지 지 류 중 성 이	'물건을 덮는다'가 되지만 쏘·다는 '그것을 쏜다'는 유와 같다. 가운뎃소리의 두
字三字合用。如諺語·과為琴柱。·홰 자 삼 자 합 용 여 언 어 위 금 주	글자, 세 글자를 어울려 쓰면 우리말의 ·과는 금주(琴柱)[34]가 되고 ·홰는

34) 琴柱(거문고 금/기둥 주) : 거문고, 가야금 따위 현악기의 현(絃)을 괴는 작은 받침.

為炬之類。終聲二字三字合用。如 위거지류 종성이자삼자합용 여	炬(횃불 거)가 되는 유이다. 끝소리의 두 글자나 세 글자를 합용하면
諺語홁為土。낛為釣。둞·때為酉時 언어 위토 위조 위유시	우리말 홁이 土(흙 토)가 되고 ·낛이 釣(낚시 조)가 되고 둞·때는 유시(酉時)[35]가 되는
之類。其合用並書。自左而右。初中 지류 기합용병서 자좌이우 초 중	유와 같다. 그 어울려 쓰는 것과 나란히 쓸 때 왼쪽으로부터 오른쪽으로 쓰는 것이 첫소리·가운뎃소리
終三聲皆同。文與諺雜用則有因 종삼성개동 문여언잡용즉유인	끝소리 3성이 모두 같다. 한문과 우리말을 섞어 쓴다면
字音而補以中終聲者。如孔子ㅣ 자음이보이중종성자 여공자	한자의 음으로 인하여서 가운뎃소리·끝소리로 보충할 것이 있다. 공자에 ㅣ가 붙으면
魯ㅅ:사룸之類。諺語平上去入。如 노 지류 언어평상거입 여	노나라의[ㅅ] ·사룸이 되는 유와 같다. 우리말 평[30]·상[31]·거[32]·입성[33]은
활為弓而其聲平。:돌為石而其聲 위궁이기성평 위석이기성	활이 弓(활 궁)이 되어서 그 소리는 평성[30]이고 :돌이 石(돌 석)이 되면 그 소리는
上。·갈為刀而其聲去。·붇為筆而其 상 위도이기성거 위필이기	상성[31]이 되고 ·갈은 刀가 되면 그 소리가 거성[32]이 되고 ·붇이 筆이 되면 그
聲入之類。凡字之左。加一點為去 성입지류 범자지좌 가일점위거	소리는 입성[33]이 되는 유와 같다. 모든 글자의 왼쪽에 한 점을 더하면 거성[32]이
聲。二點為上聲。無點為平聲。而文 성 이점위상성 무점위평성 이문	되고 두 점이면 상성[31]이 되고, 점이 없으면 평성[30]이 된다. 그러나 문자
之入聲。與去聲相似。諺之入聲無 지입성 여거성상사 언지입성무	의 입성[33]은 (우리말의) 거성[32]과 서로 비슷하다. 우리말의 입성[33]은
定。或似平聲。如긷為柱。녑為脅。或 정 혹사평성 여 위주 위협 혹	정해진 바가 없으니 혹은 평성[30]과 비슷하다. 긷이 柱(기둥 주)가 되고 녑이 脅(옆구리 협)이 됨과 같다. 혹은
似上聲。如:낟為穀。:깁為繒。或似去 사상성 여 위곡 위증 혹사거	상성[31]과 비슷하여 :낟이 穀(낟 곡)이 되고 :깁은 繒(깁 증)이 됨과 같다. 혹은 거성[32]과 비슷하여
聲。如·몯為釘。·입為口之類。其加點 성 여 위정 위구지류 기가점	이 釘(못 정)이 되고, 이 口(입 구)의 유가 됨과 같다. 그 점을 더하면
則與平上去同。平聲安而和。春也。 즉여평상거동 평성안이화 춘야	평[30]·상[31]·거[32]와 더불어 같다. 평성[30]은 안정되면서 화하니 봄이다.
萬物舒泰。上聲和而擧。夏也。萬物 만물서태 상성화이거 하야 만물	만물이 천천히 피어 자람이다. 상성[31]은 화하면서 들어지니 여름이다. 만물이

---

35) 酉時(닭 유/때 시) : 십이시의 열째 시. 오후 다섯 시부터 일곱 시까지.

漸盛。去聲擧而壯。秋也。萬物成熟。 점성 거성거이장 추야 만물성숙	점차 성함이다. 거성[32]은 들어지면서 굳세지니 가을이다. 만물이 성숙해진다.
入聲促而塞。冬也。萬物閉藏。初聲 입성촉이색 동야 만물폐장 초성	입성[33]은 빠르면서 막히니 겨울이다. 만물이 폐장[36]한다. 첫소리
之ㆆ與ㅇ相似。於諺可以通用也。 지 여 상사 어언가이통용야	의 ㆆ와 ㅇ는 서로 비슷하여 우리말에서 통용될 수 있다.
半舌有輕重二音。然韻書字母唯 반설유경중이음 연운서자모유	반혓소리에는 가볍고 무거움의 두 소리가 있다. 그러나 운서(韻書)[14]의 자모(字母)에서는 (구별하지 않고) 오직
一。且國語雖不分輕重。皆得成音 일 차국어수불분경중 개득성음	하나이다. 또한 우리나라 말에서는 비록 가볍고 무거움으로 나누지 않으나 모두 소리를 이루어 낸다.
若欲備用。則依脣輕例。ㅇ連書ㄹ 약욕비용 즉의순경례 연서	만일 별도로 쓰고자 한다면, 입술가벼운소리의 예에 따라, ㅇ를 ㄹ
下。爲半舌輕音。舌乍附上腭。•ㅡ 하 위반설경음 설사부상악	아래 붙여 써 '반입술 가벼운 소리'가 되는데, 혀가 윗잇몸에 잠깐만 붙는다. •와 ㅡ가
起ㅣ聲。於國語無用。児童之言。邊 기 성 어국어무용 아동지언 변	ㅣ소리에서 일어나는 것은 우리나라 말에서 쓰임이 없고, 어린이 말이나 시골
野之語。或有之。當合二字而用。如 야지어 혹유지 당합이자이용 여	말에 간혹 있기도 한데, 마땅히 두 글자를 어울려 쓸 것이니
ᆁᆀ之類。其先縱後橫。與他不同。 지류 기선종후횡 여타부동	ᆁᆀ의 유와 같다. 그 먼저 세로를 쓰고 뒤에 가로로 쓰는 것은 다른 글자와 같지 않다.
訣曰 결 왈	요결[24]로 말하자면:
初聲在中聲左上 초 성 재 중 성 좌 상	첫소리는 가운뎃소리의 왼쪽이나 위에 있는데
挹欲於諺用相同 읍 욕 어 언 용 상 동	ㆆ[挹]와 ㅇ[欲]는 우리말에서 서로 같게 쓰인다.
中聲十一附初聲 중 성 십 일 부 초 성	가운뎃소리의 열 한자를 첫소리에 붙일 때
圓橫書下右書縱 원 횡 서 하 우 서 종	원과 가로획은 아래에 오른쪽에 쓰는데, 세로는
欲書終聲在何處 욕 서 종 성 재 하 처	끝소리를 쓰려면 어느 곳에 있어야 하는가?

---

36) 閉藏(닫을 폐/감출 장) : 물건 따위를 드러나지 않게 감춤.

初中聲下接着寫 초 중 성 하 접 착 사	첫·끝소리 아래에 붙여서 써야 한다.
初終合用各並書 초 종 합 용 각 병 서	첫·끝소리를 모아서 쓰려면 각각 나란히 쓰며
中亦有合悉自左 중 역 유 합 실 자 좌	가운뎃소리 또한 합해 쓰되 다 좌로부터 쓴다.
諺之四聲何以辨 언 지 사 성 하 이 변	우리 말의 사성은 어떻게 분별하나
平聲則弓上則石 평 성 즉 궁 상 즉 석	활[弓]이면 평성[30]이고, 돌[石]이면 상성[31]이다.
刀為去而筆為入 도 위 거 이 필 위 입	갈[刀]은 거성[32]이고 붓[筆]은 입성[33]이다.
觀此四物他可識 관 차 사 물 타 가 식	이 네 가지 사물을 보아서 다른 것도 가히 알 수 있다.
音因左點四聲分 음 인 좌 점 사 성 분	음은 왼쪽의 점으로 인하여서 사성을 나누니
一去二上無點平 일 거 이 상 무 점 평	하나는 거성[32], 둘은 상성[31], 점이 없으면 평성[30]이다.
語入無㝎亦加點 어 입 무 정 역 가 점	말의 입성[33]은 정함이 없고 또한 점을 더한다.
文之入則似去聲 문 지 입 즉 사 거 성	한문의 입성[33]은 거성[32]과 비슷하다.
方言俚語萬不同 방 언 리 어 만 부 동	방언[37]과 이어[38]가 일만 가지나 같지 않아서
有聲無字書難通 유 성 무 자 서 난 통	소리가 있고 글자 없어서 써서 통하기 어렵다.
一朝 일 조	하루아침에
制作侔神工 제 작 모 신 공	만들어 힘쓴 것은 신공이니
大東千古開矇矓 대 동 천 고 개 몽 롱	동방의 큰 나라 우리나라 아주 오랜 세월 동안의 희미한 의식을 열었다.

---

37) 方言(모 방/말씀 언) : 어느 한 지방에서만 쓰는, 표준어가 아닌 말.

38) 俚語(속될 리/말씀 어) : 항간에 떠돌며 쓰이는 속된 말.

9. 용자례

用字例 용자례	용자례(글자를 사용하는 예)
初聲ㄱ。如:감為柿。·골為蘆。ㅋ。如우 초성 여 위시 위로 여	첫소리 ㄱ는 :감이 柿가 되고 ·골이 蘆(갈대 로)가 됨과 같다. ㅋ는 우
·케為未舂稻。콩為大豆。ㆁ。如러·울 위미용도 위대두 여	·케가 未舂稻(미용도)가 되고 콩이 大豆(대두)가 됨과 같다. ㆁ는 러·울이
為獺。서·에為流澌。ㄷ。如·뒤為茅。담 위달 위유시 여 위모	獺(수달 달)이 되고 서·에가 流澌(유시)가 됨과 같다. ㄷ는 ·뒤가 茅(띠 모)가 되고 ·담이
為墻。ㅌ。如고·티為繭。두텁為蟾蜍。 위장 여 위견 위섬서	墻(담 장)이 됨과 같다. ㅌ는 고·티가 繭(고치 견)이 되고 두텁이 蟾蜍(섬서)가 됨과 같다.
ㄴ。如노로為獐。납為猿。ㅂ。如ᄫ울為 여 위장 위원 여 위	ㄴ는 노로가 獐(노루 장)이 되고 납이 猿(원숭이 원)이 됨과 같다. ㅂ는 ᄫ울이
臂。·벌為蜂。ㅍ。如·파為葱。·풀為蠅。ㅁ。 비 위봉 여 위총 위승	臂(팔 비)가 되고 ·벌이 蜂(벌 봉)이 됨과 같다. ㅍ는 ·파가 葱(파 총)이 되고 ·풀이 蠅(파리 승)이 됨과 같다. ㅁ는
如:뫼為山。·마為薯蕷。ㅸ。如사·ᄫ|為 여 위산 위서서 여 위	:뫼가 山(뫼 산)이 되고 ·마가 薯蕷(서서)가 됨과 같다. ㅸ은 사·ᄫ|가
蝦。드·뵈為瓠。ㅈ。如·자為尺。죠·ㅎ|為 하 위호 여 위척	蝦(새우 하)가 되고 드·뵈가 瓠(표주박 호)가 됨과 같다. ㅈ는 ·자가 尺(자 척)이 되고 죠·ㅎ|가
紙。ㅊ。如·체為籭。·채為鞭。ㅅ。如·손為 지 여 위사 위편 여 위	紙(종이 지)가 됨과 같다. ㅊ는 ·체가 籭(체 사)가 되고 ·채가 鞭(채찍 편)이 됨과 같다. ㅅ는 ·손이
手。:셤為島。ㅎ。如·부헝為鵂鶹。·힘為 수 위도 여 위휴류 위	手가 되고 :셤이 島(섬 도)가 됨과 같다. ㅎ는 ·부헝이 鵂鶹(휴류)가 되고 ·힘이
筋。ㅇ。如·비육為鷄雛。·ᄇ|얌為蛇。ㄹ。 근 여 위계추 위사	筋(힘줄 근)이 됨과 같다. ㅇ는 ·비육이 鷄雛(계추)가 되고 ·ᄇ|얌이 蛇(뱀 사)가 됨과 같다. ㄹ는
如·무뤼為雹。어·름為氷。ㅿ。如아·ᅀ| 여 위박 위빙 여	·무뤼가 雹(누리 박)이 되고 어·름이 氷(얼음 빙)이 됨과 같다. ㅿ는 아·ᅀ|가
為弟。:너·ᅀ|為鴇。中聲·。如·톡為頤。 위제 위보 중성 여 위이	弟(아우 제)가 되고 :너·ᅀ|가 鴇(능에 보)가 됨과 같다. 가운뎃소리 ·는 ·톡이 頤(턱 이)가 되고
·풋為小豆。두·리為橋。·ㄱ래為楸。ㅡ。 위소두 위교 위추	·풋이 小豆(소두)가 되고 두·리가 橋(다리 교)가 되고 ·ㄱ래가 楸(가래 추)가 됨과 같다. ㅡ는
如·믈為水。·발·측為跟。그력為雁。드 여 위수 위근 위안	·믈이 水(물 수)가 되고 ·발·측이 跟(발꿈치 근)이 되고 그력이 雁(기러기 안)이 되고 드

·레爲汲器。ㅣ·如·깃爲巢。·밀爲蠟。·피 위급기　　여　·깃 위소　　·밀 위랍	·레가 汲器(급기)가 됨과 같다. ㅣ는 ·깃이 巢(집 소)가 되고 :밀이 蠟(밀 랍)이 되고 ·피가
爲稷。·키爲箕。ㅗ·如·논爲水田。·톱爲 위직　·키 위기　　여　·논 위수전　·톱 위	稷(기장 직)이 되고 ·키가 箕(키 기)가 됨과 같다. ㅗ는 ·논이 水田(수전)이 되고 ·톱이
鉅。·호·미爲鉏。·벼·로爲硯。ㅏ·如·밥爲 거　·호·미 위서　·벼·로 위연　여　·밥 위	鉅(톱 거)가 되고 ·호·미가 鉏(호미 서)가 되고 ·벼·로가 硯(벼루 연)이 됨과 같다. ㅏ는 ·밥이
飯。·낟爲鎌。이·아爲綜。사·ᄉᆞᆷ爲鹿。ㅜ· 반　·낟 위겸　이·아 위종　사·ᄉᆞᆷ 위록	飯(밥 반)이 되고 ·낟이 鎌(낫 겸)이 되고 이·아가 綜(잉 아 종)이 되고 사·ᄉᆞᆷ이 鹿(사슴 록)이 됨과 같다. ㅜ는
如·숫爲炭。·울爲籬。누·에爲蠶。구·리 여　·숫 위탄　·울 위리　누·에 위잠　구·리	·숫이 炭(숯 탄)이 되고 ·울이 籬(울타리 리)가 되 고 누·에가 蠶(누에 잠)이 되고 구·리가
爲銅。ㅓ·如브·섭爲竈。·널爲板。서·리 위동　여　브·섭 위조　·널 위판　서·리	銅(구리 동)이 됨과 같다. ㅓ는 브·섭이 竈(부엌 조)가 되고 ·널이 板(널빤지 판)이 되고 서·리가
爲霜。·버·들爲柳。ㅛ·如·죵爲奴。·고욤 위상　·버·들 위류　여　·죵 위노　·고욤	霜(서리 상)이 되고 ·버·들은 柳(버들 류)가 된다. ㅛ는 ·죵이 奴(종 노)가 됨과 같다. 이 ·고욤
爲梬。·쇼爲牛。삽·됴爲蒼朮菜。ㅑ·如 위영　·쇼 위우　삽·됴 위창출채　여	梬(고욤나무 영)이 되고 ·쇼가 牛(소 우)가 되고 삽 ·됴가 蒼朮菜(창출채)가 됨과 같으며, ㅑ는 마치
남·샹爲龜。약爲鼅鼄。다·야爲匜。쟈· 　남·샹 위귀　약 위구벽　다·야 위이	남·샹이 龜(거북 귀)가 되고 약이 鼅鼄(구벽)이 되며 다·야가 匜(주전자 이)가 되고 쟈·
감爲蕎麥皮。ㅠ·如율·믜爲薏苡。쥭 감 위교맥피　여　율·믜 위의이　쥭	감이 蕎麥皮(교맥피)가 됨과 같다. ㅠ는 율·믜가 薏苡(억이)가 되고 쥭이
爲飯梮。·슈·룹爲雨繖。쥬·련爲帨。ㅕ· 위반잡　·슈·룹 위우산　쥬·련 위세	飯梮(반잡)이 되고 ·슈·룹이 雨繖(우산)이 되고 쥬·련이 帨(수건 세)가 됨과 같다. ㅕ는
如·엿爲飴餹。·뎔爲佛寺。·벼爲稻。:져· 여　·엿 위이당　·뎔 위불사　·벼 위도	·엿이 飴餹(이당)이 되고 ·뎔이 佛寺(불사)가 되 고 ·벼가 稻(벼 도)가 되고 :져
비爲燕。終聲ㄱ。如닥爲楮。독爲甕。 　비 위연　종성　　여　닥 위저　독 위옹	비가 燕(제비 연)이 된다는 것과 같다. 끝소리 ㄱ는 닥이 楮(닥나무 저)가 되고 독이 甕(독 옹) 이 됨과 같으며,
ㆁ。如:굼·벙爲蠐螬。·올·챵爲蝌蚪。ㄷ· 　여　:굼·벙 위제조　·올·챵 위과두	ㆁ는 :굼·벙이 蠐螬(제조)가 되고 ·올·챵이 蝌蚪 (과두)가 되는 것과 같으며, ㄷ는
如·갇爲笠。싑爲楓。ㄴ·如·신爲屨。·반 여　·갇 위립　싑 위풍　여　·신 위구　·반	·갇이 笠(갓 립)이 되고 이 楓(신나무 신)이 됨과 같으며, ㄴ는 ·신이 屨(신 구)가 되고 ·반
되爲螢。ㅂ·如섭爲薪。·굽爲蹄。ㅁ·如 되 위형　여　섭 위신　·굽 위제　여	되가 螢(반딧불 형)이 됨과 같으며 ㅂ는 섭이 薪(섶나무 신)이 되고 ·굽이 蹄(굽 제)가 됨과 같 으며, ㅁ는
:범爲虎。:심爲泉。ㅅ·如:잣爲海松。·못 위호　:심 위천　여　:잣 위해송　·못	:범이 虎(범 호)가 되고 :심이 泉(샘 천)이 됨과 같 으며, ㅅ는 :잣이 海松(해송)이 되고 ·못이
爲池。ㄹ·如·둘爲月。·별爲星之類 위지　여　·둘 위월　·별 위성지류	池(못 지)가 됨과 같으며, ㄹ는 ·둘은 月(달 월)이 되고, ·별은 星(별 성)이 되는 유와 같다.

10. 정인지 서문

有天地自然之聲。則必有天地 유천지자연지성 즉필유천지	천지자연의 소리가 있으면 반드시 천지
自然之文。所以古人因聲制字。 자연지문 소이고인인성제자	자연의 문자가 있다. 이런 까닭에 옛사람이 소리로 인하여 글자를 만들어서
以通萬物之情。以載三才之道。 이통만물지정 이재삼재지도	만물의 뜻을 통하고, 삼재의 도를 실었으나
而後世不能易也。然四方風土 이후세불능역야 연사방풍토	후세에서 능히 바꿀 수가 없었다. 그러나 사방의 풍토가
區別。聲氣亦随而異焉。盖外國 구별 성기역수이이언 개외국	구별되고 말소리의 기운 또한 따르게 되면서 다르게 되었다. 대개 외국
之語。有其聲而無其字。假中國 지어 유기성이무기자 가중국	의 말은 그 소리는 있어도 그 글자는 없으므로, 중국
之字以通其用。是猶枘鑿之鉏 지자이통기용 시유예착지서	의 글자를 빌려서 그 일용에 통하게 하니, 이것이 둥근 장부가 네모진 구멍에 들어가
鋙也。豈能達而無礙乎。要皆各 어야 기능달이무애호 요개각	서로 어긋남과 같은데, 어찌 능히 통하여 막힘이 없겠는가? 요는 모두 각기
随所處而安。不可强之使同也。 수소처이안 불가강지사동야	처지에 따라 편안하게 해야만 되고, 억지로 같게 할 수는 없는 것이다.
吾東方禮樂文章。侔擬華夏。但 오동방예악문장 모의화하 단	우리 동방의 예악과 문장이 중화와 견줄만 하지만 다만
方言俚語。不與之同。學書者患 방언리어 불여지동 학서자환	방언[36]과 이어[37]가 같지 않으므로, 글을 배우는 사람은
其旨趣之難曉。治獄者病其曲 기지취지난효 치옥자병기곡	그 뜻을 깨닫기가 어려움을 근심하고, 옥사를 다스리는 사람은 그 곡절
折之難通。昔新羅薛聰。始作吏 절지난통 석신라설총 시작이	을 통하기 어려움을 근심했다. 옛날에 신라의 설총[39]이 처음으로 이두[40]
讀。官府民間。至今行之。然皆假 두 관부민간 지금행지 연개가	를 만들었는데, 관청과 민간에서는 지금까지도 그것을 쓰고 있다. 그러나 모두
字而用。或澁或窒。非但鄙陋無 자이용 혹삽혹질 비단비루무	한자를 빌려서 쓰는 것이므로, 혹은 어색하고 혹은 막혀서 답답하다. 다만 비루[41]하고
稽而已。至於言語之間。則不能 계이이 지어언어지간 즉불능	근거가 없을 뿐만 아니라, (우리)말을 적는데 이르러서는

---

39) 薛聰(맑을대쑥 설/귀밝을 총) : 남북국시대 통일신라의 3대 문장가로 이두 문자를 집대성한 학자. 아버지는 원효, 어머니는 요석공주이고 경주 설씨의 시조임.

40) 吏讀(벼슬아치 리/구절 두) : 설총이 만들었다고 전해오는 한자의 음과 훈을 빌려 우리말을 기록하던 표기법.

41) 鄙陋(다라울 비/좁을 루) : 행동이나 성질이 너절하고 더러움.

達其萬一焉。癸亥冬。我 달 기 만 일 언 계 해 동 아	그 만분의 일도 도달하지 못한다. 계해년(1443) 겨울에 우리
殿下創制正音二十八字。略揭 전 하 창 제 정 음 이 십 팔 자 략 게	전하께서 정음 스물여덟 자를 창제하시고, 간략하게
例義以示之。名曰訓民正音。象 예 의 이 시 지 명 왈 훈 민 정 음 상	예[例]와 뜻[義]을 들어 보여 주시며 이름을 훈민정음이라고 하셨다. (이 글자는) 모양을
形而字倣古篆。因聲而音叶七 형 이 자 방 고 전 인 성 이 음 협 칠	본떠서 만들되 글자는 옛날 전서[42]를 본떴고, 소리에 따라 음률은 일곱 가락에 들어맞는다.
調。三極之義。二氣之妙。莫不該 조 삼 극 지 의 이 기 지 묘 막 불 해	삼재[19]의 뜻과 음양 이기의 오묘함을 두루 갖추지 않은 것이 없다.
括。以二十八字而轉換無窮。簡 괄 이 이 십 팔 자 이 전 환 무 궁 간	이 스물여덟 자로써 전환이 무궁하여 간단하면서도,
而要。精而通。故智者不終朝而 이 요 정 이 통 고 지 자 부 종 조 이	요점을 잘 드러내고 정밀하면서도 두루 통할 수 있다. 그러므로 슬기로운 사람은 하루아침을 마치기도 전에 깨우치고
會。愚者可浹旬而學。以是解書。 회 우 자 가 협 순 이 학 이 시 해 서	어리석은 자라도 가히 두루 미쳐서 열흘이면 배울 수 있다. 이 글자로써 한문을 풀이하면

可以知其義。以是聽訟。可以得 가 이 지 기 의 이 시 청 송 가 이 득	가히 그 뜻을 알 수 있고, 이 글자로써 송사를 심리하면 그 실정을 알 수 있다.
其情。字韻則淸濁之能辨。樂歌 기 정 자 운 즉 청 탁 지 능 변 악 가	글자의 운으로는 맑고 흐린 소리를 능히 구별할 수 있고, 악가의
則律呂之克諧。無所用而不備 즉 율 려 지 극 해 무 소 용 이 불 비	율려[43]가 고르게 되며, 글을 쓰는 데 갖추어지지 않은 바가 없고,
無所往而不達。雖風聲鶴唳。雞 무 소 왕 이 부 달 수 풍 성 학 려 계	이르러 통하지 못한 바가 없다. 비록 바람 소리, 학의 울음소리, 닭
鳴狗吠。皆可得而書矣。遂 명 구 폐 개 가 득 이 서 의 수	우는 소리, 개 짖는 소리일지라도 모두 적을 수가 있다. 드디어
命詳加解釋。以喻諸人。於是。臣 명 상 가 해 석 이 유 제 인 어 시 신	자세한 해석을 더하여 모든 사람을 깨우치도록 명하셨다. 이에 신이
與集賢殿應教臣 崔恒。副校理 여 집 현 전 응 교 신 최 항 부 교 리	집현전 응교 신 최 항*과 부교리
臣 朴彭年。臣 申叔舟。修撰臣 成 신 박 팽 년 신 신 숙 주 수 찬 신 성	신 박팽년*과 신 신숙주*와 수찬 신 성

---

42) 篆書(전자 전/글 서) : 진나라 시황제 때 재상 이사가 이제까지 여러 지방에서 쓰이던 각종 글자체를 정리·통일한 서체인 소전.

43) 律呂(법 률/음률 려) : 우리나라 및 중국에서 음악이나 음성의 가락을 이르는 말로 율의 음과 여의 음이라는 뜻에서 나온 말. 곧 聲을 呂라 하고, 韻을 律이라고 했음.

三問。敦寧府注簿臣 姜希顏。行	삼문*과 돈녕부 주부 신 강희안*과 행
集賢殿副修撰臣 李塏。臣 李善	집현전 부수찬 신 이개*와 신 이선로*
老 等。謹作諸解及例。以敍其梗	등과 더불어 삼가 여러 가지 풀이[解]와 보기[例]를 지어서 그 요점만 간략하게 서술하여
槩。庶使觀者不師而自悟。若其	여러 보는 사람으로 하여금 스승이 없어도 스스로 깨우치게 하였다. 그 깊은
淵源精義之妙。則非臣 等之所	연원이나, 정밀한 뜻은 신묘하여 신들이
能發揮也。恭惟我	능히 펴 나타낼 수 있는 바가 아니다. 공손히 생각하옵건대 우리
殿下。天縱之聖。制度施為超越	전하께서는 하늘이 내신 성인으로서 지으신 법도와 베푸신 업적이
百王。正音之作。無所祖述。而成	백왕(온갖 임금)을 뛰어넘으셔서, 정음을 지으심도 앞선 사람이 지은 것에 의한 것이 아니고
於自然。豈以其至理之無所不	자연의 이치에서 이룩하신 것이다. 참으로 그 지극한 이치가 들어 있지 아니한 데가 없으니,
在。而非人為之私也。夫東方有	사람의 힘으로 사사로이 한 것이 아니다. 대저 동방에
國。不為不久。而開物成務之	나라가 있은 지가 오래되지 않음이 아니지만, 만물의 뜻을 깨달아 모든 일을 온전하게 이루게 하는
大智。盖有待於今日也歟。正統	큰 지혜는 오늘을 기다리고 있었던 것이다. 정통44)
十一年九月上澣。資憲大夫禮	11년 9월 상한45), 자헌대부 예
曺判書集賢殿大提學知春秋	조판서 집현전 대제학 지춘추
館事　世子右賓客臣鄭麟趾	관사 세자우빈객, 신 정인지는
拜手稽首謹書	두 손 모아 절하고 머리 조아려 삼가 씁니다.

---

44) 正統(바를 정/큰줄기 통) : 1436년을 원년으로 1449년까지 14년 동안 사용되었던 중국 명나라의 제6대 황제인 정통제(正統帝) 때의 연호.

45) 上澣(윗 상/빨 한) : 한 달 가운데 1일에서 10일까지의 동안. 당대 관리에게 열흘마다 하루씩 목욕휴가를 준 데서 유래.

11. 정인지 서문 풀이

「정인지 서문」을 요약하면 '한자음 표기'를 비롯하여 세 가지로 요약하여 말하고 있다. 첫째, 한자음 표기법으로써 훈민정음을 사용하게 되었다는 것. 둘째, 공문서에 신라의 설총이 만들어 사용해 온 이두 대신 훈민정음을 사용하여야 한다는 것. 셋째, 한문 서적의 풀이를 훈민정음으로 표기할 수 있다는 점을 강조하고 있다.

그러나 1446년 음력 9월에 쓰인 정인지 서문은 훈민정음과 세종에 대한 찬양이 목적인 것처럼 보이지만, 실제로는 1444년 음력 2월 20일에 집현전 부제학 최만리, 직제학 신석조, 직전 김문, 응교 정창손, 부교리 하위지, 부교리 송처검 등이 세종의 언문 창제 및 이와 관련된 5개 항목을 열거하여 언문 창제에 대한 견해를 천명한 '언문(훈민정음) 창제 반대 상소문'에 대한 반론의 성격을 띠고 있음에 유의하여야 올바른 해석이 될 수 있다.

그래서 정인지 서문을 제대로 해석하기 위해서 최만리 상소문을 먼저 요약하고 그에 대해 반론한 정인지 서문을 살펴보고자 한다.

먼저 세종대왕의 뜻에 반대하여 최만리 등 7명은 한자의 음을 언문으로 표기하는 언문운서는 한자의 음을 바꾸는 것이라 하여 반대하였고, 중국이 한문과 언문을 함께 사용하여 동문동궤[46]를 어기는 것은, 여러 문자를 사용하는 오랑캐처럼 중국의 문명을 망치는 것이라 하여 반대하였고, 비록 이두라 하여도, 이두는 한자를 사용하므로 학문에 도움이 되는데, 잘 쓰고 있는 이두를 폐기하고 한문과 아무런 관계가 없는 언문을 사용하는 것은 문화를 망치는 것이라 하여 반대하였고, 옥사에 언문을 사용하더라도 억울함이 없어지지 않을 것이라 하여 반대한다고 상소를 하였다.

이에 정인지는 서문으로 반론하기를, 훈민정음은 모양은 고전을 모방[47]하였기에 바뀐 것이 없고, 한자의 음은 바꿀 수 없어 외국도 중국의 자음을 그대로 써야 하지만, 풍토와 성기[48]가 다른 외국의 어음을 중국의 자음으로 표기하게 하는 것은 옳지 않고, 모두 각자의 처지에 따라 여러 문자를 사용하는 것이 좋다. 따라서, 꼭 동문동궤를 고집할 것이 아니라, 한문과 훈민정음을 함께 사용할 수 있다고 반론한다. 동방의 어음을 표기하는 이두가 오랫동안 관부와 민간에서 사용되었지만 가짜 음을 사용하기에 껄끄럽거나 막힘이 있어서 이미 논할 바가 아니고, 음성언어로 사용할 때에는 그 만분의 일도 통할 수가 없다. 그래서 이두를 훈민정음으로 대체한다고 말한다. 화하 때처럼 어음을 표기하는 문자가 없어서, 옥사를 다스리는 사람이 한문 문서로는 그 사정을 알기 어려웠으나, 훈민정음으로 옥사를 다스리면 그 사정을 알 수 있게 되고, 한문으로 된 서책을 배우는 사람이 글의 내용을 알기 어려웠으나, 훈민정음으로 언해하면 글의 내용을 이해할 수 있다고 반론하고 있다.

---

46) 同文同軌(한가지 동, 글월 문, 한가지 동, 바퀴사이 궤) : 여러 지방의 수레의 너비를 같게 하고 글은 같은 글자를 쓰게 한다는 뜻으로, 천하가 통일된 상태를 이르는 말.
47) 象形而字倣古篆(상형이자방고전)
48) 聲氣(소리 성, 기운 기) : 목소리와 기운을 아울러 이르는 말.

훈민정음 언해본
세종어제 서문

世(·솅)宗(종)御(·엉)製(·젱)訓(·훈)民(민)正(·졍)音(흠)

製(제)는 글 지을 씨(글자)니, 御製(어제)[1]는 임금 지으신 글이라 訓(훈)은 가르침이오, 民(민)은 百姓(백성)이오, 音(음)은 소리니, 訓(훈)民(민)正(정)音(음)은 百(백)姓(성) 가르치시는 正(정)한 소리니라.

國(·귁)之(징)語(·엉)音(흠)·이 異(·잉)乎(뽕)中(듕)國(·귁)·ᄒ·야

國(국)은 나라이라. 之(지)는 임겨지라 語(어)는 말씀이라 異(이)는 다름이라 乎(호)는 아무거나에[2] 하는 곁에 쓰는 字(자)이라 中(중)國(국)은 皇(황)帝(제) 계신 나라이니 우리나라의 常(상)談(담)[3]에 江(강)南(남)[4]이라 하느니라

°나 ·랏 :말 ᄊ ·미 中듕 國·귁 ·에 달 ·아

·나라의 말씀이 중국과 달라서

與(·영)文(문)字(·ᄍ)·로 不(·붏)相(·샹)流(륳)通(통)ᄒ·씨

與(여)는 이와 더불어 곁에 쓰는 字(자)이라 文(문)은 글월이라 不(불)은 아니하는 뜻이라 相(상)은 서로 하는 뜻이라 流(유)通(통)은 흘러서 마칠씨라

°文문 字·ᄍ·와·로 서 르 ᄉ 못 ·디[5] 아 ·니 ᄒ ·씨

·문자끼리 서로 꿰뚫지 아니할새

故(·공)로· 愚(웅)民(민)·이 有(·율)所(·송)欲(·욕)言(언) ᄒ·야도·

故(고)는 까닭이라 愚(우)는 어리석다이다 有(유)는 있음이라 所(소)는 아주니라 欲(욕)은 하고자 할찌라 言(언)은 이르다이다

°·이런 젼·ᄎ[6]·로 어·린[7] 百·ᄇ姓·셩·이 니 르고 ·져[8]·ᄒ·배[9] 이 ·셔 ·도

·이런 까닭으로 어리석은 백성이 이르고자 하는 바가 있어도

---

1) 御製(어제) : 임금이 몸소 짓거나 만듦.

2) 아무거나에 : 〈옛〉 아무데나

3) 常談(상담) : 보통으로 쓰는 속된 말.

4) 강남 : 〈옛〉 중국을 이르던 말.

5) ᄉ못다 : 〈옛〉 꿰뚫다.

6) 젼ᄎ : 〈옛〉 까닭

7) 어리다 : 〈옛〉 어리석다

8) 니르다 : 〈옛〉 이르다. 말하다.

9) 배 : 〈옛〉 바이. 아주. 심히

而(싱)終(즁)不(붏)得(·득)伸(신)其(끵)情(쪙)者(:쟝)ㅣ 多(당)矣(:읭)라·

而(이)는 입겨지[10]라 終(종)은 마침이라 得(득)은 시를씨라 伸(신)은 펼씨라 其(기)는 제라 情(정)은 뜻이라 者(자)는 놈이라 多(다)는 할씨라 矣(의)는 말맺는 토라

·ㅁ·촘:내제·뜨·들시·러펴·디:몯홇·노·미하·니·라

·마침내 제 뜻을 나타내지 못하느니라

予(영)ㅣ爲(·윙)此(:층)憫(:민)然(션)·ㅎ·야

予(여)는 내하였다는 뜻이니라 此(차)는 이라 憫(민)然(연)은 불쌍히 여기심이라

·내·이·룰 爲·윙·ㅎ·야:어엿·비너·겨

·내 이를 爲(위)하여 불쌍히 여겨

新(신)制(·졩)二(·싱)十(·씹)八(·밣)字(·쫑)·ㅎ·노·니

新(신)은 새로이라 制(제)는 만들다 이니라 二(이)十(십)八(팔)은 스물여덟이라

·새·로·스·믈여·듧字·쫑·룰밍·ㄱ노·니

·새로 스물여덟 글자를 만드노니

欲(·욕)使(:송)人(신)人(신)·ㅇ·로 易(·잉)習(·씹)·ㅎ·야 便(뼌)於(헝)日(·씷)用(·용)耳(:싱)니·라

使(사)는 하여 하는 말이라 人(인)은 사람이라 易(이)는 쉬울 쌔라 習(습)은 익힐 쌔라 便(편)은 便(편)安(안)할 쌔라 於(어)는 아무것에 하는 겯에 쓰는 字(자)니라 日(일)은 날이라 用(용)은 쓸 쌔라 耳(이)는 따름이라 하는 뜻이라

:사·룸:마·다·히·여:수·빙니·겨·날·로·뿌·메便뼌安한·킈ㅎ·고·져홇똔·르·미니·라

·사람마다 하여금 쉽게 익혀 날로 쓰메 便(편)安(안)케 하고자 할 따름이니라

---

10) 입겨지 : 〈옛〉 토

國ㆍ귁之징語ㆁ엉音ㆆ흠이

異ㆁ잉乎ㆅ홍中듕國귁ㆆ하야

나ㆍ랏말ㆍᄊᆞ미

製ㆁ졩ㆍ는ㆍ글지ㅿᅳᆯ씨ㆍ라御ㆁ엉製ㆁ졩ㆍ는ㆍ남금지ㅿᅳ샨그리라百ᄇᆡᆨ姓셩은ㆍ뭀百ᄇᆡᆨ姓셩이라

이ㆁ오音흠은소리니訓훈民민正졍音흠은百ᄇᆡᆨ姓셩가라치시논正졍ㅎᆞᆫ소리라

國귁之징ㆁ는ㆍ語ㆁ엉音흠이니나랏소리라之징ㆍ는ㆍᄭᅳᆺ디라

異잉乎홍ㆍ는ㆍ中듕國귁ㆍ에ㆍ달아異잉ㆍ는ㆍ다ㆍᄅᆞᆯ씨ㆍ라乎홍ㆍ는ㆍ아ㆍ모그ㆍ에ㆍᄒᆞ는겨체ㆍᄡᅳ는字ᄍᆞㅣ라中듕國귁ㆍ은ㆍ皇ㆂ薄ㆆㅂㆍ ㆍ 잇는ㆍᄯᅡ히니我ㆁ ㆍ 中듕國귁ㆍ에

특별수록

1. 훈민정음 해례본에 사용된 한자 및 한자어 분석

1) 훈민정음 해례본에 쓰인 한자의 사용 빈도에 대한 분석 의의
해례본에 사용된 한자의 사용 빈도를 계량적으로 분석하는 작업은 5해1례 2서문으로 구성된 훈민정음 해례본이 음성학을 포함한 성운학적 내용 및 음양오행과 삼재론을 중심으로 한 성리학적 내용으로 구성되어 있음을 확인하기 위한 방법으로 채택하였다.

2) 훈민정음 해례본에 쓰인 한자의 빈도수 조사 방법
(1) 훈민정음 해례본에 쓰인 전체 한자에 대해 전수 조사하였다.
(2) 5해1례 2서문으로 구성된 훈민정음 해례본의 부분별 한자 수를 분석하였다.
(3) 사용된 한자의 빈도를 제자원리 분야, 음성 분석 분야, 성운학 분야, 음악 관련 분야, 언어와 문자 분야, 성리학 분야 등으로 나누어 정밀 분석하였다.

3) 훈민정음 해례본에 쓰인 한자의 빈도수로 추론되는 특성
(1) 훈민정음 해례본에서 고빈도로 나타난 한자의 특징은 조사관련 한자로 '為'(232회), '之'(221회), '而'(160회), '如'(102회), '也'(97회) 등이다.
(2) 훈민정음 해례본의 특성인 제자 원리와 밀접한 관련이 있는 고빈도 한자는 '聲'(210회), '字'(107회), '音'(80회), '初'(79회), '中'(55회), '終'(45회), '天'(44회), '地'(40회), '人'(30회) 등이다.
(3) 제자 원리를 의미하는 핵심 한자인 '合'(35회), '象'(24회), '加'(10회)의 빈도는 훈민정음 창제의 중요성을 강조했다고 추론할 수 있다.
(4) 낮은 빈도를 보인 '縮'(3회)과 '張'(2회)의 예를 들어 빈도를 기준으로 그 중요성을 판단할 수 없음을 지적했다.
(5) 훈민정음 해례본에서 사용된 전체 4,788자의 한자 중에 표본 한자는 725자로 조사되었다.

4) 훈을 알 수 없는 훈민정음 해례본에 쓰인 한자
훈민정음 해례본에 쓰인 한자 중에는 현대의 자전에서 쉽게 찾아보기 어려운 특이한 한자가 사용된 특징이 있다. 예) 舓, 腭, 牙, 欪, 哉, 虐, 稟, 顧, 匜, 邊, 牖, 瑣

5) 훈민정음 해례본에 쓰인 한자어의 빈도수와 특징
(1) 훈민정음 해례본에 쓰인 한자어 가운데 가장 높은 빈도수의 한자어는 39회 사용된 '中聲(중성)'이며, 그다음으로 29회의 '初聲(초성)', 18회의 '終聲(종성)', 16회의 '天地(천지)' 순으로 조사되었다.
(2) 그 외에 '陰陽'(15회), '並書'(13회), '五行'(10회) 등의 한자어가 고빈도로 나타났으며, 음성 분석 관련 한자어와 성운학·성리학 관련 한자어가 대부분 5해1례에 집중되어 있음을 밝혔다.

2. 부문별 빈도별 한자 수

빈도수	어제서문	제자해	초성해	중성해	종성해	합자해	용자례	인지서문	합계
1	64	150	21	38	43	94	118	197	725
2	24	67	27	28	31	29	4	52	262
3	7	38	5	3	13	12	1	21	100
4	2	26	4	1	12	5	0	8	58
5	2	17	1	7	5	6	0	8	46
6	1	16	4	1	5	5	0	2	34
7	1	8	1	1	3	7	0	1	22
8	0	5	0	2	0	2	0	2	11
9	0	5	0	1	0	2	0	0	8
10	0	2	0	1	2	5	0	1	11
11	0	7	1	2	1	2	0	1	14
12	1	4	0	1	2	1	0	1	10
13	0	6	0	0	1	1	0	1	9
14	0	2	0	0	1	1	0	0	5
15	0	1	0	0	0	0	0	0	1
16	0	3	0	0	0	0	0	0	3
17	0	1	0	0	0	1	0	0	2
18	0	2	0	0	1	0	0	0	3
19	0	4	0	0	1	1	0	0	6
20	0	1	0	0	0	0	0	0	1
21	0	1	0	0	0	0	0	1	2
22	1	4	0	0	0	0	0	0	5
23	1	4	0	0	1	0	0	0	6
25	0	1	0	0	0	0	0	1	2
26	0	0	0	0	0	0	0	0	0
28	0	1	0	0	0	0	0	0	1
30	0	0	0	0	0	1	0	0	1
31	0	1	0	0	1	1	0	0	3
34	1	0	0	0	0	0	0	0	1
36	0	0	0	0	0	1	0	0	1
37	1	1	0	0	0	0	0	0	2
39	0	1	0	0	0	0	0	0	1
41	0	1	0	0	0	0	0	0	1
43	1	0	0	0	0	1	0	0	2
51	0	1	0	0	0	0	0	0	1
70	0	1	0	0	0	0	0	0	1
72	0	1	0	0	0	0	0	0	1
89	0	1	0	0	0	0	0	0	1
93	0	1	0	0	0	0	0	0	1
129	0	1	0	0	0	0	0	0	1
합계	108	387	64	86	123	178	123	297	1,365
전체한자	365	2,178	153	235	426	611	258	562	4,788

※ 1. 빈도수 : 훈민정음 해례본에서 한자가 쓰인 횟수.

  2. 표안의 숫자 : 각 부문에서 빈도수에 해당하는 한자의 개수.

  3. 표 맨 아래의 전체한자는 부분별 사용된 전체 한자수(제목포함)이다.

3. 훈민정음 해례본에 쓰인 속자 및 약자 그리고 동자 정리

1) 정자보다는 속자나 약자 등이 사용된 이유 : 훈민정음 해례본에 쓰인 한자 중에는 의외로 정자 보다는 속자 및 약자 그리고 동자로 표기된 한자가 많이 쓰였다. 이것은 훈민정음을 창제하신 세종대왕께서 지식층이 쓰는 정자체보다는 백성들에게 널리 쓰이는 일반화된 한자 즉, 속자를 사용함으로써 훈민정음의 창제 취지에 부합하려는 것으로 한자체까지 세심한 배려를 하였음을 짐작할 수 있다.

2) 용어 정리
　① 정자(正字) : 한자의 약자나 속자, 와자가 아닌 본디의 글자.
　② 속자(俗字) : 한자에서, 원래 글자보다 획을 간단하게 하거나 아주 새로 만들어 세간에서 널리 쓰는 글자.
　③ 약자(略字) : 복잡한 글자의 점이나 획의 일부를 생략하여 간략하게 한 글자.
　④ 동자(同字) : 같은 글자.
　⑤ 이체자(異體字) : 음과 뜻은 같으나 모양이 다른 한자. 흔히 정자에 상대되는 개념으로 사용되며, 정자의 획수를 줄여 간략하게 된 것이 많다.
　⑥ 고자(古字) : 고대에 쓰이던 글자이지만 현대에는 거의 사용하지 않는 글자.
　⑦ 와자(譌字) : 잘못 쓰여진 글자인 줄 알면서도 민간에서 널리 사용되는 한자.

3) 훈민정음 해례본에 쓰인 속자, 약자, 동자 정리
- 盖 – 蓋(덮을 개)의 속자
- 輕 – 輕(가벼울 경)의 속자
- 顧 – 顧(돌아볼 고)의 속자
- 頼 – 賴(힘입을 뢰)의 속자
- 邉 – 邊(가 변)의 동자
- 籭 – 篩(체 사)와 동자
- 随 – 隨(따를 수)의 속자
- 欤 – 歟(어조사 여)의 약자
- 為 – 爲(할 위)의 약자
- 蔵 – 藏(감출 장)의 약자
- 哉 – 哉(어조사 재)의 속자
- 宕 – 定(정할 정)의 속자
- 曽 – 曾(일찍 증)의 약자
- 虜 – 處(살 처)의 속자
- 聡 – 聰(귀 밝을 총)의 동자
- 土 – 土(흙 토)의 속자
- 㑹 – 會(모일 회)의 약자
- 横 – 橫(가로 횡)의 속자
- 槩 – 槪(평미레 개)와 동자
- 雞 – 鷄(닭 계)의 동자
- 迺 – 乃(이에 내)와 동자
- 㢲 – 發(쏠 발)의 약자
- 並 – 竝(아우를 병)과 동자
- 属 – 屬(이을 속)의 속자
- 児 – 兒(아이 아)의 속자
- 牅 – 墉(용)과 동자. 牖(유)의 속자.
- 隂 – 陰(응달 음)의 동자
- 冄 – 再(두 재)의 속자
- 㸃 – 點(점 점)과 동자
- 静 – 靜(고요할 정)의 약자
- 真 – 眞(참 진)의 속자
- 清 – 淸(맑을 청)의 동자
- 冣 – 最(가장 최)의 속자
- 虗 – 虛(빌 허)의 동자
- 畫 – 畵(그을 획)의 속자
- 匜 – 匜(주전자 이)의 이체자

4. 훈민정음 해례본 전체 한자(725자) 훈음 및 빈도수

※ 원 안의 숫자는 훈민정음해례본에서 사용 빈도수를 나타냄.

ㄱ

- 可(옳을 가)⑳
- 歌(노래 가)①
- 加(더할 가)⑩
- 假(거짓 가)③
- 各(각각 각)⑨
- 角(뿔 각)②
- 肝(간 간)①
- 間(틈 간)⑧
- 簡(대쪽 간)①
- 剛(굳셀 강)⑤
- 强(굳셀 강)①
- 姜(성 강)①
- 開(열 개)⑤
- 盖(덮을 개)⑧
- 皆(다 개)⑰
- 塏(높고 건조할 개)①
- 槩(평미레 개)①
- 客(손 객)①
- 去(갈 거)⑮
- 居(있을 거)⑪
- 炬(횃불 거)①
- 鉅(톱 거)①
- 擧(들 거)②
- 據(의거할 거)①
- 揭(들 게)①
- 乾(하늘 건)③
- 見(볼 견)③
- 繭(고치 견)①
- 訣(이별할 결)⑤
- 兼(겸할 겸)⑤
- 鎌(낫 겸)①
- 輕(가벼울 경)⑪
- 梗(대개 경)①
- 癸(열째 천간 계)①
- 雞(닭 계)①
- 鷄(닭 계)①
- 稽(상고할 계)②

- 季(끝 계)③
- 啓(열 계)①
- 古(옛 고)③
- 固(굳을 고)②
- 故(옛 고)㉕
- 顧(돌아볼 고)①
- 曲(굽을 곡)①
- 穀(곡식 곡)①
- 坤(땅 곤)②
- 工(장인 공)①
- 功(공 공)②
- 孔(구멍 공)①
- 恭(공손할 공)①
- 蝌(올챙이 과)①
- 官(벼슬 관)①
- 管(피리 관)①
- 館(객사 관)①
- 冠(갓 관)①
- 貫(꿸 관)②
- 觀(볼 관)③
- 括(묶을 괄)①
- 廣(넓을 광)②
- 巧(공교할 교)①
- 交(사귈 교)④
- 校(학교 교)①
- 敎(가르칠 교)①
- 蕎(메밀 교)①
- 橋(다리 교)①
- 九(아홉 구)②
- 口(입 구)⑧
- 久(오랠 구)①
- 狗(개 구)①
- 區(구분할 구)①
- 具(갖출 구)①
- 究(궁구할 구)①
- 屨(신 구)①
- 鼁(두 뿔 달린 개구리 구)①
- 國(나라 국)⑦

- 君(임금 군)⑮
- 弓(활 궁)②
- 宮(집 궁)②
- 窮(다할 궁)④
- 厥(그 궐)①
- 鬼(귀신 귀)①
- 歸(돌아갈 귀)③
- 龜(거북 귀)①
- 虯(규룡 규)④
- 克(이길 극)①
- 極(다할 극)④
- 隙(틈 극)①
- 根(뿌리 근)⑤
- 近(가까울 근)①
- 跟(발꿈치 근)①
- 筋(힘줄 근)①
- 謹(삼갈 근)②
- 今(이제 금)④
- 金(성 김, 쇠 금)⑥
- 琴(거문고 금)①
- 及(미칠 급)④
- 汲(길을 급)①
- 急(급할 급)⑧
- 其(그 기)㊺
- 起(일어날 기)⑥
- 氣(기운 기)⑨
- 寄(부칠 기)①
- 既(이미 기)①
- 幾(기미 기)⑮
- 器(그릇 기)①
- 豈(어찌 기)②
- 箕(키 기)①

ㄴ

- 那(어찌 나)⑦
- 難(어려울 난)③
- 南(남녘 남)①
- 乃(이에 내)⑤
- 內(안 내)①

- 迺(이에 내)⑥
- 年(해 년)②
- 寧(편안할 녕)①
- 奴(종 노)①
- 能(능할 능)⑧

ㄷ
- 多(많을 다)⑥
- 但(다만 단)③
- 端(바를 단)①
- 斷(끊을 단)①
- 鍛(쇠 불릴 단)①
- 達(통달할 달)③
- 獺(수달 달)①
- 淡(묽을 담)①
- 覃(미칠 담)⑩
- 當(당할 당)④
- 餹(엿 당)①
- 大(큰 대)⑦
- 待(기다릴 대)③
- 對(대답할 대)⑥
- 刀(칼 도)②
- 度(법도 도)①
- 道(길 도)⑤
- 稻(벼 도)②
- 島(섬 도)①
- 獨(홀로 독)①
- 讀(읽을 독)②
- 敦(도타울 돈)①
- 冬(겨울 동)⑤
- 東(동녘 동)④
- 同(한가지 동)㉗
- 銅(구리 동)①
- 童(아이 동)①
- 動(움직일 동)⑨
- 斗(말 두)⑦
- 豆(콩 두)②
- 蚪(올챙이 두)①
- 得(얻을 득)⑥
- 等(가지런할 등)②

ㄹ
- 羅(벌일 라)①
- 蠟(밀 랍)①

- 略(간략할 략)①
- 兩(두 량)③
- 呂(음률 려)①
- 戾(어그러질 려)②
- 閭(이문 려)⑦
- 厲(갈 려)⑦
- 力(힘 력)①
- 連(잇닿을 련)④
- 靈(신령 령)②
- 例(법식 례)⑥
- 禮(예도 례)③
- 老(늙은이 로)②
- 魯(노둔할 로)①
- 蘆(갈대 로)①
- 鹿(사슴 록)①
- 論(말할 론)①
- 朧(흐릴 룡)①
- 賴(의뢰할 뢰)①
- 陋(좁을 루)①
- 類(무리 류)⑲
- 流(흐를 류)⑥
- 柳(버들 류)①
- 鶹(올빼미 류)①
- 六(여섯 륙)③
- 律(법 률)①
- 吏(벼슬아치 리)①
- 李(오얏 리)②
- 梨(배나무 리)①
- 理(다스릴 리)⑩
- 俚(속될 리)②
- 離(떼놓을 리)②
- 麟(기린 린)①
- 立(설 립)②
- 笠(우리 립)①

ㅁ
- 莫(없을 막)①
- 萬(일만 만)⑮
- 末(끝 말)①
- 每(매양 매)①
- 麥(보리 맥)①
- 萌(싹 맹)①
- 名(이름 명)①

- 命(목숨 명)①
- 鳴(울 명)①
- 明(밝을 명)②
- 母(어미 모)⑤
- 侔(가지런할 모)②
- 茅(띠 모)①
- 木(나무 목)⑪
- 矇(청맹과니 몽)①
- 妙(묘할 묘)③
- 無(없을 무)㉕
- 務(일 무)①
- 文(글월 문)⑨
- 門(문 문)①
- 問(물을 문)①
- 物(만물 물)㉓
- 未(아닐 미)④
- 彌(두루 미)⑤
- 民(백성 민)⑥
- 憫(근심할 민)③

ㅂ
- 朴(성씨 박)①
- 雹(누리 박)①
- 反(되돌릴 반)①
- 飯(밥 반)②
- 半(반 반)⑬
- 發(필 발)㉚
- 方(모 방)⑧
- 倣(본뜰 방)②
- 拜(절 배)①
- 配(짝 배)①
- 百(일백 백)①
- 凡(무릇 범)⑤
- 闢(열 벽)⑧
- 龖(거북 벽)①
- 辨(분별할 변)③
- 變(변할 변)⑥
- 邊(가 변)①
- 別(나눌 별)②
- 彆(활 뒤틀릴 별)⑭
- 並(아우를 병)⑭
- 病(병 병)①
- 步(걸음 보)④

- 補(기울 보)①
- 輔(덧방나무 보)②
- 鴇(능에 보)①
- 復(돌아올 복, 다시 부)⑩
- 覆(뒤집힐 복)①
- 本(밑 본)④
- 蜂(벌 봉)①
- 夫(지아비 부)③
- 附(붙을 부)⑥
- 府(곳집 부)②
- 副(버금 부)②
- 簿(장부 부)①
- 北(북녘 북)①
- 分(나눌 분)⑥
- 不(아닌가 부, 아닐 불)(51)
- 佛(부처 불)④
- 比(견줄 비)④
- 非(아닐 비)④
- 備(갖출 비)⑤
- 鼻(코 비)①
- 脾(지라 비)①
- 臂(팔 비)①
- 鄙(더러울 비)①
- 賓(손 빈)①
- 氷(얼음 빙)①

ㅅ

- 四(넉 사)⑫
- 乍(잠깐 사)③
- 私(사사 사)①
- 似(같을 사)⑫
- 使(하여금 사)①
- 邪(간사할 사)④
- 事(일 사)⑦
- 捨(버릴 사)①
- 師(스승 사)①
- 斯(이 사)②
- 絲(실 사)②
- 射(쏠 사)①
- 寫(베낄 사)①
- 寺(절 사)①
- 蛇(뱀 사)①
- 籭(체 사)①
- 山(뫼 산)①
- 繖(일산 산)①
- 三(석 삼)⑰
- 澁(떫을 삽)①
- 上(위 상)㉒
- 詳(자세할 상)①
- 相(서로 상)⑯
- 尙(오히려 상)③
- 商(헤아릴 상)②
- 象(코끼리 상)㉔
- 霜(서리 상)①
- 塞(변방 새)①
- 索(찾을 색)①
- 賾(깊숙할 색)①
- 生(날 생)㉕
- 西(서녘 서)①
- 序(차례 서)②
- 書(글 서)㉜
- 舒(펼 서)④
- 庶(여러 서)①
- 蜍(두꺼비 서)①
- 薯(참마 서)①
- 藇(아름다울 서)①
- 鉏(호미 서)②
- 石(돌 석)②
- 昔(예 석)①
- 釋(풀 석)①
- 善(착할 선)①
- 先(먼저 선)③
- 舌(혀 설)㉟
- 屑(가루 설)②
- 薛(맑은대쑥 설)①
- 蟾(두꺼비 섬)①
- 成(이룰 성)㊱
- 盛(담을 성)②
- 聖(성스러울 성)②
- 星(별 성)①
- 聲(소리 성)
- 世(대 세)②
- 細(가늘 세)①
- 帨(수건 세)①
- 小(작을 소)②
- 所(바 소)⑬
- 巢(집 소)①
- 俗(풍속 속)②
- 屬(이을 속)②
- 松(소나무 송)①
- 訟(송사할 송)①
- 瑣(옥소리 쇄)①
- 水(물 수)⑭
- 手(손 수)③
- 殊(죽일 수)①
- 首(머리 수)②
- 修(닦을 수)②
- 隨(따를 수)④
- 須(모름지기 수)①
- 授(줄 수)①
- 數(셀 수)⑪
- 雖(비록 수)⑧
- 遂(이를 수)①
- 邃(깊을 수)①
- 叔(아재비 숙)①
- 熟(익을 숙)①
- 旬(열흘 순)①
- 脣(입술 순)㉑
- 循(좇을 순)①
- 戌(개 술)⑪
- 述(지을 술)①
- 習(익힐 습)③
- 承(받들 승)②
- 蠅(파리 승)①
- 始(처음 시)⑧
- 時(때 시)⑨
- 示(보일 시)①
- 是(이 시)㉟
- 施(베풀 시)①
- 柿(감나무 시)①
- 澌(성엣장 시)①
- 識(알 식)①
- 信(믿을 신)①
- 申(아홉째 지지 신)①
- 伸(펼 신)②
- 神(신 신)⑤
- 臣(신하 신)⑩

- 新(새 신)②
- 薪(섶나무 신)①
- 腎(콩팥 신)①
- 悉(다 실)①
- 實(열매 실)④
- 心(마음 심)②
- 深(깊을 심)⑨
- 尋(찾을 심)②
- 十(열 십)⑭

ㅇ

- 児(아이 아)①
- 牙(어금니 아)⑰
- 芽(싹 아)①
- 我(나 아)④
- 樂(풍류 악)②
- 安(편안할 안)②
- 顏(얼굴 안)①
- 腭(잇몸 악)③
- 雁(기러기 안)①
- 愛(사랑 애)②
- 礙(거리낄 애)①
- 也(어조사 야)(97)
- 野(들 야)①
- 若(같을 약)⑥
- 揚(오를 양)②
- 陽(볕 양)㉓
- 穰(볏짚 양)⑨
- 颺(날릴 양)②
- 於(어조사 어)(77)
- 語(말씀 어)⑯
- 鋙(어긋날 어)①
- 薏(율무 억)①
- 言(말씀 언)⑨
- 諺(상말 언)⑯
- 焉(어찌 언)⑧
- 業(업 업)⑮
- 予(나 여)①
- 如(같을 여)(102)
- 餘(남을 여)①
- 欤(어조사 여)①
- 與(줄 여)㊹
- 亦(또 역)㉘
- 淵(못 연)①
- 軟(연할 연)①
- 然(그러할 연)⑫
- 硯(벼루 연)①
- 燕(제비 연)①
- 營(경영할 영)①
- 梬(고욤나무 영)①
- 枘(장부 예)①
- 銳(날카로울 예)①
- 五(다섯 오)㉑
- 悟(깨달을 오)①
- 獄(옥 옥)①
- 甕(독 옹)①
- 緩(느릴 완)⑦
- 曰(가로 왈)⑦
- 王(임금 왕)①
- 旺(성할 왕)①
- 往(갈 왕)①
- 外(밖 외)③
- 要(구할 요)⑤
- 欲(하고자 할 욕)⑰
- 用(쓸 용)㊽
- 舂(찧을 용)①
- 容(얼굴 용)①
- 牖(담 용, 들창 유)①
- 右(오른쪽 우)⑥
- 牛(소 우)①
- 雨(비 우)①
- 又(또 우)⑬
- 羽(깃 우)②
- 吁(탄식할 우)①
- 愚(어리석을 우)②
- 云(이를 운)①
- 運(돌 운)③
- 韻(운 운)⑧
- 元(으뜸 원)③
- 源(근원 원)②
- 遠(멀 원)①
- 猿(원숭이 원)①
- 圓(둥글 원)⑪
- 月(달 월)②
- 越(넘을 월)①
- 位(자리 위)⑬
- 為(할 위)(232)
- 由(말미암을 유)②
- 有(있을 유)㉝
- 惟(생각할 유)①
- 唯(오직 유)⑦
- 維(바 유)②
- 柔(부드러울 유)⑤
- 喩(깨우칠 유)②
- 酉(닭 유)①
- 猶(오히려 유)⑥
- 潤(젖을 윤)①
- 音(소리 음)(80)
- 陰(그늘 음)㉒
- 挹(뜰 읍)⑥
- 凝(엉길 응)④
- 應(응할 응)①
- 矣(어조사 의)④
- 衣(옷 의)②
- 依(의지할 의)①
- 疑(의심할 의)①
- 宜(마땅할 의)⑤
- 義(옳을 의)㉔
- 儀(거동 의)②
- 擬(헤아릴 의)②
- 二(두 이)㉒
- 已(이미 이)④
- 而(말 이을 이)
- 以(써 이)㊲
- 苡(질경이 이)①
- 耳(귀 이)②
- 易(바꿀 역, 쉬울 이)④
- 異(다를 이)⑤
- 飴(엿 이)①
- 頤(턱 이)①
- 匜(주전자 이)①
- 人(사람 인)㉚
- 仁(어질 인)①
- 引(끌 인)①
- 因(인할 인)⑦
- 寅(셋째 지지 인)①
- 一(한 일)㉛

- 日(해 일)②
- 入(들 입)⑯
- 廿(스물 입)①

ㅈ

- 子(아들 자)③
- 字(글자 자)⑩⑦
- 自(스스로 자)⑲
- 者(놈 자)㊱
- 慈(사랑할 자)④
- 資(재물 자)①
- 作(지을 작)⑦
- 蠶(누에 잠)①
- 雜(섞일 잡)①
- 橠(수풀 나무 모양 잡)①
- 長(길 장)②
- 張(베풀 장)②
- 壯(씩씩할 장)②
- 將(장차 장)①
- 章(글 장)①
- 獐(노루 장)①
- 藏(감출 장)①
- 墻(담 장)①
- 才(재주 재)⑤
- 在(있을 재)㉔
- 再(두 재)⑤
- 財(재물 재)①
- 哉(어조사 재)①
- 載(실을 재)①
- 宰(재상 재)①
- 著(나타날 저)①
- 楮(닥나무 저)①
- 田(밭 전)①
- 全(온전할 전)⑱
- 前(앞 전)①
- 展(펼 전)②
- 轉(구를 전)③
- 篆(전자 전)①
- 殿(전각 전)⑤
- 折(꺾을 절)①
- 點(점 점)⑨
- 漸(점점 점)①
- 接(사귈 접)②

- 正(바를 정)⑫
- 乭(정할 정)⑧
- 釘(못 정)①
- 貞(곧을 정)①
- 情(뜻 정)③
- 精(정할 정)④
- 鄭(정나라 정)①
- 靜(고요할 정)⑦
- 制(마를 제)⑪
- 提(끌 제)①
- 諸(모두 제)④
- 弟(아우 제)①
- 第(차례 제)①
- 蹄(굽 제)①
- 蠐(굼벵이 제)①
- 朝(아침 조)②
- 調(고를 조)①
- 曹(성 조)①
- 釣(낚시 조)①
- 祖(조상 조)①
- 蠐(굼벵이 조)①
- 竈(부엌 조)①
- 足(발 족)①
- 從(좇을 종)①
- 終(끝날 종)㊺
- 綜(모을 종)②
- 縱(세로 종)④
- 左(왼 좌)⑧
- 主(주인 주)②
- 注(물 댈 주)①
- 柱(기둥 주)②
- 舟(배 주)①
- 周(두루 주)②
- 中(가운데 중)㊵
- 重(무거울 중)③
- 則(곧 즉)㊻
- 即(곧 즉)⑪
- 曾(일찍 증)①
- 繒(비단 증)①
- 之(갈 지)㉑
- 池(못 지)①
- 紙(종이 지)①

- 只(다만 지)③
- 止(그칠 지)②
- 知(알 지)⑤
- 地(땅 지)㊵
- 旨(뜻 지)①
- 指(손가락 지)①
- 至(이를 지)⑥
- 智(슬기 지)⑤
- 趾(발 지)①
- 直(곧을 직)①
- 稷(기장 직)①
- 真(참 진)①
- 質(바탕 질)⑤
- 窒(막을 질)①
- 集(모일 집)③

ㅊ

- 次(버금 차)⑭
- 且(또 차)④
- 此(이 차)⑩
- 着(붙을 착)①
- 錯(섞일 착)②
- 鑿(뚫을 착)①
- 撰(지을 찬)②
- 贊(도울 찬)①
- 察(살필 찰)①
- 參(참여할 참)③
- 彰(밝을 창)①
- 唱(부를 창)②
- 創(비롯할 창)①
- 蒼(푸를 창)①
- 菜(나물 채)①
- 處(살 처)③
- 尺(자 척)①
- 隻(외짝 척)①
- 千(일천 천)①
- 天(하늘 천)㊹
- 淺(얕을 천)⑨
- 泉(샘 천)①
- 清(맑을 청)㉑
- 聽(들을 청)①
- 體(몸 체)②
- 滯(막힐 체)②

- 初(처음 초)
- 超(넘을 초)①
- 稍(점점 초)①
- 促(재촉할 촉)⑥
- 葱(파 총)①
- 聰(귀밝을 총)①
- 崔(높을 최)①
- 最(가장 최)③
- 㝡(가장 최)①
- 秋(가을 추)④
- 楸(개오동나무 추)①
- 推(밀 추)③
- 雛(병아리 추)①
- 丑(소 축)①
- 縮(줄일 축)③
- 蹙(닥칠 축)②
- 蓄(쌓을 축)①
- 春(봄 춘)⑤
- 出(날 출)⑳
- 朮(차조 출)①
- 冲(화할 충)①
- 取(취할 취)⑯
- 趣(달릴 취)①
- 就(이룰 취)③
- 治(다스릴 치)①
- 徵(음률이름 치)②
- 齒(이 치)㉑
- 七(일곱 칠)④
- 侵(침노할 침)⑨
- 梫(수풀 모양 침)①

ㅋ
- 快(쾌할 쾌)④

ㅌ
- 他(다를 타)②
- 濁(흐릴 탁)⑰
- 呑(삼킬 탄)⑩
- 炭(숯 탄)①
- 彈(탄알 탄)①
- 探(찾을 탐)①
- 太(클 태)①
- 殆(위태할 태)①
- 泰(클 태)①

- 土(흙 토)⑧
- 通(통할 통)⑮
- 統(거느릴 통)②

ㅍ
- 板(널빤지 판)①
- 判(판가름할 판)①
- 八(여덟 팔)⑫
- 悖(어그러질 패)②
- 彭(성 팽)①
- 便(편할 편)②
- 徧(두루 편)②
- 鞭(채찍 편)①
- 平(평평할 평)⑯
- 評(평할 평)①
- 閉(닫을 폐)④
- 肺(허파 폐)①
- 吠(짖을 폐)①
- 漂(떠돌 표)④
- 風(바람 풍)②
- 楓(단풍나무 풍)①
- 皮(가죽 피)②
- 必(반드시 필)④
- 筆(붓 필)②

ㅎ
- 下(아래 하)⑯
- 何(어찌 하)⑦
- 夏(여름 하)⑥
- 蝦(새우 하)①
- 學(배울 학)③
- 鶴(학 학)①
- 澣(빨 한)①
- 咸(다 함)①
- 含(머금을 함)②
- 合(합할 합)㉟
- 闔(문짝 합)⑦
- 恒(항상 항)①
- 亥(돼지 해)①
- 該(그 해)①
- 海(바다 해)①
- 解(풀 해)⑨
- 諧(화할 해)①
- 行(다닐 행)⑬

- 虛(빌 허)⑨
- 憲(법 헌)①
- 賢(어질 현)③
- 浹(두루 미칠 협)①
- 叶(화합할 협)②
- 協(맞을 협)①
- 脅(옆구리 협)①
- 形(모양 형)㉔
- 螢(개똥벌레 형)①
- 互(서로 호)③
- 乎(어조사 호)⑬
- 呼(부를 호)①
- 虎(범 호)①
- 狐(여우 호)①
- 瓠(표주박 호)①
- 或(혹 혹)⑬
- 混(섞을 혼)①
- 洪(큰물 홍)⑪
- 火(불 화)⑧
- 化(될 화)①
- 花(꽃 화)①
- 和(화할 화)⑤
- 華(빛날 화)①
- 患(근심 환)①
- 換(바꿀 환)①
- 丸(알 환)①
- 環(고리 환)①
- 洄(흐물흐물할 회)①
- 會(모을 회)①
- 畫(그을 획)④
- 橫(가로 횡)③
- 曉(새벽 효)①
- 喉(목구멍 후)㉖
- 後(뒤 후)⑦
- 訓(가르칠 훈)③
- 揮(휘두를 휘)①
- 鵂(수리부엉이 휴)①
- 希(바랄 희)①

예상문제와 정답

훈민정음 해설사 자격시험 예상문제(1회)

시행 : (사)훈민정음기념사업회

※ 다음 물음에 알맞은 답의 번호를 쓰시오.

1. 간송미술관에 소장된 『훈민정음 해례본』은 언제 발견되었는가? (　　)
　①1940년　　②1945년　　③1950년
　④1960년　　⑤1970년

2. 다음 중 해례본의 의의에 해당하지 않는 것은? (　　)
　①훈민정음의 제자 원리를 알게 되었다.
　②창제 당시의 자료를 가진 유일한 나라가 되었다.
　③세계 역사상 유일하게 글자 창제의 원리, 창제자, 반포일을 알 수 있다.
　④글자 창제의 목적과 참여자를 알 수 있다.
　⑤훈민정음이 표의문자라는 점을 알 수 있다.

3. 다음 중 세종대왕에 대한 설명으로 바르지 않은 것은? (　　)
　①조선시대에 조선 사람으로 태어나 왕위에 오른 첫 임금이다.
　②인재를 고르게 등용하여 이상적 유교정치를 구현한 왕이다.
　③조선의 제3대 왕인 태종의 첫째 아들로 태어났다.
　④민족문화를 독자적으로 발전시키는데 진력하였다.
　⑤1397년에 출생하여 1450년 52세로 승하하였다.

4. 『훈민정음 해례본』의 「어제 서문」은 몇 자로 쓰였는가? (　　)
　①50자　　　②54자　　　③108자
　④100자　　⑤58자

5. 다음 중 훈민정음 관련 기념일과 관계가 없는 것은? (　　)
　①가갸날　②한글날　　③조선글날
　④국어의날　⑤조선어문자의날

6. 국보70호『훈민정음 해례본』의 유출과 관련이 있는 인물은? (　　)
　①주시경　　②권덕규　　③이용준
　④최현배　　⑤이선로

7. 『훈민정음 해례본』집필과 관련이 없는 인물은? (　　)
　①최만리　　②정인지　　③신숙주
　④성삼문　　⑤최항

8. 다음 중 훈민정음으로 된 최초의 노래는 어느 것인가? (　　)
　①용비어천가　　②동국정운
　③동국여지승람　④석보상절
　⑤대장경

9. 다음 중 월인석보에 대한 설명이 바른 것은? (　　)
　①불교를 억압하기 위해 편찬한 유교서적이다.
　②세조가 즉위 직후 간행한 책이다.
　③월인천강지곡과 석가의 족보를 상세히 소개한 석가보를 합편한 것이다.
　④초기의 훈민정음 변천을 살피는 데 있어서 중요한 가치를 지닌다.
　⑤세종의 월인천강지곡과 신미대사의 석보상절을 합편한 책이다.

10. 다음 중 훈민정음을 창제한 인물은 누구인가? (　　)
　①안평대군　②신미대사　③이도
　④수양대군　⑤주시경

훈민정음 해설사 자격시험 예상문제(1회)

시행 : (사)훈민정음기념사업회

※ 다음 물음에 알맞은 답의 번호를 쓰시오.

11. 다음 중 자음 'ㅋ'의 현대적 이름이 바르게 표기된 것은? ( )

①키엌　②키억　③키윽
④키을　⑤키윽

12. 다음 중 자음 'ㄷ'의 현대적 이름이 바르게 표기된 것은? ( )

①디은　②디귿　③디긋
④드긋　⑤디귿

13. 다음 중 자음 'ㅎ'의 현대적 이름이 바르게 표기된 것은? ( )

①히읗　②히읕　③히읏
④흐얻　⑤히웅

14. 다음 중 자음 'ㄴ'의 현대적 이름이 바르게 표기된 것은? ( )

①니응　②이은　③니은
④니을　⑤니근

15. 다음 중 자음 'ㅿ'의 현대적 이름이 바르게 표기된 것은? ( )

①삼각형　②반치음　③세모
④반시옷　⑤반지음

> \<보기\> ㄱ는 (㉠)니 (㉡)의 자 처음 피어나는 소리 같으니라

16. \<보기\>의 글에서 ㉠에 들어갈 알맞은 말은? ( )

①혓소리　②잇소리　③입술소리
④목구멍소리　⑤어금니소리

17. \<보기\>의 글에서 ㉡에 들어갈 알맞은 한 자는? ( )

①君　②土　③士
④七　⑤丹

> \<보기\> ㄷ는 (㉠)니 (㉡)의 자 처음 피어나는 소리 같으니라

18. \<보기\>의 글에서 ㉠에 들어갈 알맞은 말은? ( )

①입술소리　②잇소리　③혓소리
④어금니소리　⑤목구멍 소리

19. \<보기\>의 글에서 ㉡에 들어갈 알맞은 한 자는? ( )

①九　②斗　③木
④別　⑤水

> \<보기\> ㅂ는 (㉠)니 (㉡)의 자 처음 피어나는 소리 같으니라

20. \<보기\>의 글에서 ㉠에 들어갈 알맞은 말은? ( )

①잇소리　②혓소리　③입술소리
④어금니소리　⑤목구멍 소리

21. \<보기\>의 글에서 ㉡에 들어갈 알맞은 한 자는? ( )

①古　②事　③彆
④雨　⑤午

> \<보기\> 乃終(내종)의 소리는 다시 ( )를 쓰느니라

22. \<보기\>의 글에서 ( )에 들어갈 알맞은 말은? ( )

①첫소리　②가운데 소리　③끝소리
④높은 소리　⑤낮은 소리

시행 : (사)훈민정음기념사업회

<보기> 왼쪽에 한 점을 더하면 (   )이오.

23. <보기>의 글에서 (   )에 들어갈 알맞은 말은? (   )
①평성   ②상성   ③입성
④음성   ⑤거성

24. 다음 중 '虯'자의 언해본 당시 독음으로 바른 것은? (   )
①낭   ②뀰   ③밍
④쫑   ⑤쌍

25. 다음 중 '呑'자의 언해본 당시 독음으로 바른 것은? (   )
①헝   ②땀   ③침
④툰   ⑤즉

※ 다음 글을 읽고 물음에 답하시오.

(가) 世·솅 宗종 御·엉 製·곙 訓·훈 民민
正·졍 音흠
나 ·랏 :말 쓰 ·미 ㉠中듕 國·귁 ·에 달 ·아
文문 字·쫑 ·와 ·로 서 르 ㉡스 ·뭇 ·디 아 ·니
홀 ·씨 ·이 런 ㉢젼 ·ᄎ ·로 ㉣어 ·린 百·빅
姓·셩 ·이 니 르 ·고 ·져 ·홇 배 이 ·셔 ·도
ᄆ ·ᄎᆷ ·내 제 ·ᄠᅳ ·들 시 ·러 펴 ·디 :몯 홇
㉤노 ·미 하 ·니 ·라 ·내 ·이 ·를 爲·윙 ·ᄒ ·야
㉥·어 엿 ·비 너 ·겨 새 ·로 ㉦·스 ·믈 여 ·듫
字·쫑 ·를 밍 ·ᄀ 노 ·니 :사 ·ᄅᆷ :마 ·다 :히 ·ᅇ
·여 ㉧·수 ·비 니 ·겨 ·날 ·로 ·뿌 ·메 便뼌 安
한 ·킈 ㅎ ·고 ·져 홇 ᄯ ᄅ ·미 니 ·라

26. (가)는 '훈민정음 언해본의 서문' 이다. 이 글에 언급되지 않은 내용은? (   )
①새로 창제된 문자는 28자이다.
②새 문자를 만들어서 모든 제도를 정비하였다.

③모든 사람들이 쉽게 배울 수 있게 만들어졌다.
④당시에는 문자생활을 못하는 사람들이 많았다.
⑤중국과 우리말은 많은 차이가 있었다.

27. 다음 중 훈민정음 창제 당시의 상황으로 ㉠에 해당하는 나라는? (   )
①청나라   ②원나라   ③명나라
④상나라   ⑤중화민국

28. ㉡~㉦의 뜻을 현대어로 풀이한 것 중 옳지 않은 것은? (   )
①㉡ 스뭇디 - 통하지
②㉢ 젼ᄎ로 : 까닭으로
③㉣ 어린 - 어리석은
④㉤ 하니라 - 많으니라.
⑤㉥ 어엿·비 - 예쁘게

29. 다음 중 ㉦에 속하지 않는 글자는? (   )
①여린 히읗 - ㆆ   ②반치음 - ㅿ
③옛이응 - ㆁ   ④순경음 비읍 - ㅸ
⑤아래아 - ·

30. 다음 중 ㉧에 해당하는 한자로 바른 것은? (   )
①易   ②多   ③使
④習   ⑤愚

31. (가)에 나타난 표기상의 특징으로 맞는 것은? (   )
①소리 나는 대로 적는 것을 원칙으로 한다.
②띄어쓰기 규정이 철저히 지켜지고 있다.
③고유어 표기에서 사잇소리를 사용하지 않았다.

훈민정음 해설사 자격시험 예상문제(1회)

시행 : (사)훈민정음기념사업회

④방점사용에 혼란이 나타나고 있다.
⑤한자음을 우리의 발음에 가깝게 표기하고 있다.

32. (가)에 나타나지 않은 것은? (   )
①자주정신　②애민정신　③실용정신
④백성의 일상 언어생활
⑤훈민정음의 창제 방법

33. 단어의 뜻을 현대어로 풀이한 것으로 옳지 않은 것은? (   )
①ᄆᆞ촘내 - 마침내
②노미 - 까닭
③히여 - 어리다
④달아 - 다르다
⑤·뿌·메 - 사용하다

34. 다음 중 어휘에 대한 설명이 바르지 않은 것은? (   )
①듕귁에-15세기에는 비교를 의미하는 조사가 없었다.
②니르고져-음운의 탈락 현상이 일어났다.
③ᄠᅳᆮ들-어두자음군이 쓰였다.
④펴디-구개음화가 일어나지 않았다.
⑤스믈-원순 모음화가 없었다.

35. 다음 중, 현대어 풀이로 적당하지 않은 것은? (   )
①나·랏말ᄊᆞ·미中듕國·귁·에달·아 ⇒ 나라의 말이 중국과 달라서
②文문字ᄍᆞ·와·로서르ᄉᆞᄆᆞᆺ·디아·니ᄒᆞᆯ·ᄊᆡ ⇒ 훈민정음과는 서로 어울리지 아니 하므로
③이런젼·ᄎᆞ·로어·린百·빅姓·셩·이 ⇒ 이런 까닭으로 어리석은 백성이

④어엿·비너·겨·새·로·스·믈여·듧 字·ᄍᆞ·를밍·ᄀᆞ노·니 ⇒ 불쌍히 여겨 새로이 스물 여덟 글자를 만드니
⑤수·ᄫᅵ니·겨·날·로·ᄡᅮ·메 便뼌安한·킈 ⇒ 쉽게 익혀 나날이 사용함에 편안하게

※ 다음 물음에 알맞은 답의 번호를 쓰시오.

<보기> 우리 동방의 예악과 문장이 (㉠)와 견줄만 하지만 다만 (㉡)과 이어가 같지 않으므로, 글을 배우는 사람은 그 뜻을 깨닫기가 어려움을 근심하고, 옥사를 다스리는 사람은 그 곡절을 통하기 어려움을 근심했다. 옛날에 신라의 (㉢)이 처음으로 이두를 만들었는데, 관청과 민간에서는 지금까지도 그것을 쓰고 있다.

36. <보기>의 글에서 ㉠에 들어갈 알맞은 말은? (   )
①중화　②일본　③몽골
④여진　⑤인도

37. <보기>의 글에서 ㉡에 들어갈 알맞은 말은? (   )
①표준말　②속담　③방언
④언문　⑤한문

38. <보기>의 글에서 ㉢에 들어갈 알맞은 말은? (   )
①김춘추　②설총　③관창
④장보고　⑤김유신

39. '한자의 음과 훈을 빌려 우리 말을 기록하던 표기법'의 뜻에 맞는 단어를 보기에서 고르시오. (   )
①옥사　②곡절　③관청
④민간　⑤이두

04/09

훈민정음해설사 자격시험

훈민정음 해설사 자격시험 예상문제　83

시행 : (사)훈민정음기념사업회

40. 다음 중 '언문(훈민정음) 창제 반대 상소문'에 대한 정인지의 반론에 해당하는 것은? (   )

①한문과 관계가 없는 언문을 사용하면 명나라가 공격해 올 것이다.

②풍토와 성기가 다른 외국의 어음을 중국의 자음으로 표기하는 것은 옳지 않다.

③한문으로 된 서책을 배우는 사람이 글의 내용을 잘 알고 있으므로 언문은 필요 없다.

④훈민정음으로 언해하면 글의 내용을 이해할 수 없게 되어 혼란이 생길 것이다.

⑤이두는 신라의 설총이 만든 것이므로 잘 계승해서 더 많이 사용해야 한다.

41. 다음의 ':감, 귤'이 사용하는 예로 든 초성자는? (   )
①ㄴ   ②ㅁ   ③ㅏ
④ㄹ   ⑤ㄱ

42. 다음 중 '남샹'의 뜻으로 바른 것은? (   )
①남쪽 위   ②남성   ③거북이
④도마뱀   ⑤남자의 관상

※ 다음 물음에 알맞은 한자를 보기에서 골라 그 번호를 쓰시오.

〈보기〉	①箕	②蠟	③其	④鉅	⑤獵

43. 키 (   )   44. 톱 (   )
45. :밀 (   )

〈보기〉	①隙	②滅	③隻	④筆	⑤着

46. 짝 (   )   47. 쁨 (   )
48. 붇 (   )

※ 다음 물음에 알맞은 답의 번호를 쓰시오.

49. 다음 중 '첫소리, 가운뎃 소리, 끝소리의 3성은 어울려야 글자를 이룬다'의 뜻에 알맞은 단어는? (   )
①초성해   ②중성해   ③합자해
④종성해   ⑤제자해

50. 다음 중 '괴여'의 뜻으로 바른 것은? (   )
①나를 사랑하는 사람   ②턱을 괴다
③사랑하지 않는 사람   ④괴상한 여인
⑤내가 사랑하는 사람

※ 다음 물음에 알맞은 답의 번호를 쓰시오.

〈보기〉
君자의 초성은 어금닛소리 (㉠)이다.
斗자의 초성은 혓소리 (㉡)이다.
彆자의 초성은 입술소리 (㉢)이다.
即자의 초성은 잇소리 (㉣)이다.
挹자의 초성은 목구멍소리 (㉤)이다.

51. 〈보기〉의 글에서 ㉠에 들어갈 초성으로 바른 것은? (   )
①ㅋ   ②ㆅ   ③ㅍ
④ㄱ   ⑤ㄲ

52. 〈보기〉의 글에서 ㉡에 들어갈 초성으로 바른 것은? (   )
①ㄷ   ②ㄴ   ③ㅇ
④ㅌ   ⑤ㄸ

53. 〈보기〉의 글에서 ㉢에 들어갈 초성으로 바른 것은? (   )
①ㅃ   ②ㅇ   ③ㅂ
④ㅍ   ⑤ㅁ

훈민정음 해설사 자격시험 예상문제(1회)

시행 : (사)훈민정음기념사업회

54. 〈보기〉의 글에서 ㉣에 들어갈 초성으로 바른 것은? (   )
　① ㅉ　　　② ㅈ　　　③ ㅅ
　④ ㅆ　　　⑤ ㅊ

55. 〈보기〉의 글에서 ㉤에 들어갈 초성으로 바른 것은? (   )
　① ㅇ　　　② ㆆ　　　③ ㆅ
　④ ㆁ　　　⑤ ㅎ

※ 다음 물음에 알맞은 답의 번호를 쓰시오.

> 〈보기〉 快자의 중성은 (㉠)이다.
> 　　　 呑자의 중성은 (㉡)이다.
> 　　　 漂자의 중성은 (㉢)이다.
> 　　　 侵자의 중성은 (㉣)이다.
> 　　　 虛자의 중성은 (㉤)이다.

56. 〈보기〉의 글에서 ㉠에 들어갈 중성으로 바른 것은? (   )
　① ㅙ　　　② ㅏ　　　③ ㅕ
　④ ㅗ　　　⑤ ㅠ

57. 〈보기〉의 글에서 ㉡에 들어갈 중성으로 바른 것은? (   )
　① ㅑ　　　② ㅗ　　　③ ·
　④ ㅏ　　　⑤ ㅕ

58. 〈보기〉의 글에서 ㉢에 들어갈 중성으로 바른 것은? (   )
　① ㅕ　　　② ㅠ　　　③ ㅏ
　④ ㅜ　　　⑤ ㅛ

59. 〈보기〉의 글에서 ㉣에 들어갈 중성으로 바른 것은? (   )
　① ㄴ　　　② ㅣ　　　③ ㅡ
　④ ㅕ　　　⑤ ㅏ

60. 〈보기〉의 글에서 ㉤에 들어갈 중성으로 바른 것은? (   )
　① ㅏ　　　② ㅜ　　　③ ㅗ
　④ ㅓ　　　⑤ ㅡ

※ 다음 물음에 알맞은 답의 번호를 쓰시오.

> 〈보기〉 정음 스물여덟 글자는 각각 다음과 같은 모양을 본떠서 만들었다. 첫소리는 무릇 열일곱 글자이다. 어금닛소리 (㉠)는 혀뿌리가 목구멍을 막는 모양을 본뜨고, 설음 (㉡)는 혀가 위턱(윗잇몸)에 붙는 모양을 본뜨고, 입술소리 (㉢)는 입 모양을 본뜨고, 잇소리 (㉣)는 이빨 모양을 본뜨고, 목구멍소리 (㉤)는 목구멍 모양을 본떴다.

61. 〈보기〉의 글에서 ㉠에 들어갈 알맞은 자음은? (   )
　① ㄴ　　　② ㅁ　　　③ ㅇ
　④ ㄱ　　　⑤ ㅅ

62. 〈보기〉의 글에서 ㉡에 들어갈 알맞은 자음은? (   )
　① ㄱ　　　② ㅇ　　　③ ㅅ
　④ ㅁ　　　⑤ ㄴ

63. 〈보기〉의 글에서 ㉢에 들어갈 알맞은 자음은? (   )
　① ㄱ　　　② ㄴ　　　③ ㅁ
　④ ㅇ　　　⑤ ㅅ

64. 〈보기〉의 글에서 ㉣에 들어갈 알맞은 자음은? (   )
　① ㅁ　　　② ㅅ　　　③ ㄴ
　④ ㄱ　　　⑤ ㅇ

훈민정음 해설사 자격시험 예상문제(1회)

시행 : (사)훈민정음기념사업회

65. 〈보기〉의 글에서 ㉺에 들어갈 알맞은 자음은? (   )

① ㅇ 　　② ㅅ 　　③ ㄱ
④ ㄴ 　　⑤ ㅁ

※ 다음 물음에 알맞은 답의 번호를 쓰시오.

> 〈보기〉 천지의 도는 한 음양오행 뿐이다. 곤(坤)과 복(復)의 사이가 (㉠)이 되고, 움직이고 멈춘 뒤에 (㉡)이 된다. 그러므로 사람의 소리에도 모두 음양의 이치가 있지만, 사람이 살피지 못할 따름이다. 이제 (㉢)을 만든 것도, 처음부터 지혜로 경영하고 힘써 찾은 것이 아니다.

66. 〈보기〉의 글에서 ㉠에 들어갈 알맞은 말은? (   )

① 태양 　　② 태산 　　③ 태음
④ 무극 　　⑤ 태극

67. 〈보기〉의 글에서 ㉡에 들어갈 알맞은 말은? (   )

① 음양 　　② 음지 　　③ 음악
④ 소양 　　⑤ 음성

68. 〈보기〉의 글에서 ㉢에 들어갈 알맞은 말은? (   )

① 훈민 　　② 글자 　　③ 정음
④ 한글 　　⑤ 한문

69. '유순하고 사물을 성장시키는 덕을 나타낸다.' 라는 뜻의 단어를 보기에서 고르시오. (   )

① 건(乾) 　　② 감(坎) 　　③ 리(離)
④ 곤(坤) 　　⑤ 리(离)

70. '우레가 땅 속에서 움직이기 시작함을 상징함' 이라는 뜻의 단어를 보기에서 고르시오. (   )

① 왕(往) 　　② 復(복) 　　③ 거(去)
④ 복(複) 　　⑤ 주(住)

※ 다음의 보기는 훈민정음 창제 당시의 자음 순서이다. 물음에 알맞은 답의 번호를 보기에서 골라 쓰시오.

> ㄱ (㉠) (㉡) ㄷ ㅌ ㄴ ㅂ ㅍ ㅁ ㅈ (㉢)
> ㅅ (㉣) ㅎ ㅇ (㉤) △

71. 위 보기에서 ㉠에 들어갈 자음으로 알맞은 것은? (   )

① ㅃ 　　② ㅋ 　　③ ㅄ
④ ㄴ 　　⑤ ㅁ

72. 위 보기에서 ㉡에 들어갈 자음으로 알맞은 것은? (   )

① ㅄ 　　② ㅱ 　　③ ㆁ
④ ㆅ 　　⑤ ㄲ

73. 위 보기에서 ㉢에 들어갈 자음으로 알맞은 것은? (   )

① ㅊ 　　② ㄸ 　　③ ㅍ
④ ㅃ 　　⑤ ㄽ

74. 위 보기에서 ㉣에 들어갈 자음으로 알맞은 것은? (   )

① ㄿ 　　② ㅲ 　　③ ㅀ
④ ㅸ 　　⑤ ㆆ

75. 위 보기에서 ㉤에 들어갈 자음으로 알맞은 것은? (   )

① ㆀ 　　② ㄽ 　　③ ㅽ
④ ㄹ 　　⑤ ㅅ

훈민정음 해설사 자격시험 예상문제(1회)

시행 : (사)훈민정음기념사업회

※ 다음 표 속의 ( )에 알맞은 답의 번호를 쓰시오.

자음	상형	가획	이체	오행	계절	방위
아음(어금니)	(㉠)	ㅋ	ㆁ	木	봄	동
설음(혀)	ㄴ	(㉡)	ㄹ	火	여름	남
순음(입술)	ㅁ	ㅂ,ㅍ		(㉢)	늦여름	중앙
치음(이)	ㅅ	ㅈ,ㅊ	ㅿ	金	(㉣)	서
후음(목구멍)	ㅇ	ㅎ		水	겨울	(㉤)

76. 위 보기에서 ㉠에 들어갈 내용으로 알맞은 것은? ( )
　①ㅳ　　②ㅄ　　③ㄴ
　④ㄸ　　⑤ㄱ

77. 위 보기에서 ㉡에 들어갈 내용으로 알맞은 것은? ( )
　①ㄷ,ㅌ　　②ㅄ　　③ㅁ
　④ㆅ　　⑤ㄲ

78. 위 보기에서 ㉢에 들어갈 내용으로 알맞은 것은? ( )
　①雨　　②土　　③川
　④風　　⑤山

79. 위 보기에서 ㉣에 들어갈 내용으로 알맞은 것은? ( )
　①봄　　②여름　　③중앙
　④가을　　⑤겨울

80. 위 보기에서 ㉤에 들어갈 내용으로 알맞은 것은? ( )
　①동　　②남　　③북
　④중앙　　⑤서

※ 다음 물음에 알맞은 답을 쓰시오.

주1. 훈민정음 창제연도는 몇 년인가?

주2. 모화사상에 젖은 조선 시대의 식자층에서 훈민정음을 이르던 말은?

주3. 훈민정음 창제 당시 반대 상소를 올린 대표적 인물은?

주4. 훈민정음 자음 'ㆁ'의 이름을 정확하게 쓰시오.

주5. 훈민정음 자음 'ㄱ'의 이름을 '훈몽자회'에 표기된 한자로 정확하게 쓰시오.

주6. '常談(상담)'의 뜻은?

주7. '即'의 中聲(가운뎃소리)에 해당하는 모음을 쓰시오.

주8. '業'의 初聲(첫소리)에 해당하는 자음을 쓰시오.

주9. 'ᄆᆞᆾᄂᆡ'의 뜻을 현대어로 풀이하시오.

훈민정음 해설사 자격시험 예상문제(1회)

시행 : (사)훈민정음기념사업회

㉀10. '시·러'의 뜻을 현대어로 풀이하시오.

※ **다음 물음에 알맞은 답을 보기에서 골라 쓰시오.**

• 柿　• 現　• 硯　• 市

㉀11. :감 의 뜻[훈:訓]을 가진 한자.

㉀12. 벼·로 의 뜻[훈:訓]을 가진 한자.

• 西　• 池　• 酉　• 地

㉀13. 서·다 의 뜻[훈:訓]을 가진 한자.

㉀14. 못 의 뜻[훈:訓]을 가진 한자.

※ **다음 글의 ( )안에 알맞은 답을 쓰시오.**

㉀15. 정음의 첫소리는 운서의 ( )이다.

㉀16. ( )는 자운의 가운데 놓여 첫소리, 끝소리와 합하여져 음을 이룬다.

㉀17. ㅋ는 ㄱ에 비해 소리가 세게 나는 까닭으로 ( )을 더하였다.

※ **다음 물음에 알맞은 답을 쓰시오.**

〈보기〉	牙 (㉠)　屑　齒　喉
	木　火　土　(㉡)　水

㉀18. 위 〈보기〉에서 (㉠)의 자음(子音)에 들어갈 해당하는 한자를 쓰시오.

㉀19. 위 〈보기〉에서 (㉡)의 오행에 들어갈 해당하는 한자를 쓰시오.

〈보기〉 ·　ㅡ　ㅣ　ㅗ　ㅏ　ㅜ　ㅓ
ㅛ　ㅑ　ㅠ　ㅕ

㉀20. 위 〈보기〉 표기된 모음 중 양성모음에 해당하는 글자를 모두 쓰시오.

☞ 수고하셨습니다.

훈민정음 해설사 자격시험 예상문제(2회)

시행 : (사)훈민정음기념사업회

※ **다음 물음에 알맞은 답의 번호를 쓰시오.**

1. 훈민정음을 창제한 세종대왕은 조선의 몇 번째 왕인가? (　　)
　①첫 번째　　②두 번째　　③세 번째
　④네 번째　　⑤다섯 번째

2. 『훈민정음 해례본』의 '해례'의 뜻을 바르게 풀이한 것은? (　　)
　①보기를 들어 내용을 풀이한다.
　②예의를 갖춰 풀이하였다.
　③풀이하면서 예를 다하였다.
　④창제원리를 풀이하는 예를 정리하였다.
　⑤창제원리 풀이 순서를 기록하였다.

3. 다음 중 세종대왕에 대한 설명으로 바른 것은? (　　)
　①훈민정음으로 된 『석보상절』등 여러 종류의 책을 펴냈다.
　②1443년 훈민정음을 창제하고 1446년에 반포했다.
　③외국문화를 모방하는 문화정책을 추진했다.
　④건강하여 지칠 줄 모르는 열정으로 군사를 거느렸다.
　⑤14자의 자음과 10자의 모음인 24자로 한글을 창제하였다.

4. 훈민정음 언해본의 「어제 서문」은 몇 자로 쓰였는가? (　　)
　①50자　　②54자　　③108자
　④100자　　⑤58자

5. 다음 설명 중 「한글」에 대한 설명으로 바른 것은? (　　)

①한글은 자음 28자와 모음 11자로 구성되어 있다.
②주시경은 훈민정음 해례본을 발견했다.
③북한의 한글날도 10월 9일이다.
④한글은 세종이 만든 문자의 이름이다.
⑤한글날의 시초는 가갸날이다.

6. 국보70호 『훈민정음 해례본』의 가치를 알고 매입한 인물은? (　　)
　①전형필　　②권덕규　　③이용준
　④최현배　　⑤주시경

7. '언문(훈민정음) 창제 반대 상소문'과 관련이 없는 인물은? (　　)
　①신석조　　②최만리　　③정창손
　④신숙주　　⑤김문

8. 다음 중에서 훈민정음과 관련이 없는 기념일은? (　　)
　①한글날　　②개천절　　③조선글날
　④가갸날　　⑤조선어문자의 날

9. 다음 중 언문(諺文)에 대한 설명으로 바르지 않은 것은? (　　)
　①항간에서 쓰이는 일상의 말.
　②글말의 글자인 한자에 상대하여 이르던 말.
　③한자에 대해 우리말을 낮게 부르는 말.
　④늘 쓰는 입말의 글.
　⑤백성들이 일상적으로 쓰는 글.

10. 다음 중 해례본 집필 8학사 중 집현전 소속이 아닌 사람은? (　　)
　①정인지　　②신숙주　　③성삼문
　④박팽년　　⑤강희안

훈민정음 해설사 자격시험 예상문제(2회)

시행 : (사)훈민정음기념사업회

※ 다음 물음에 알맞은 답의 번호를 쓰시오.

11. 다음 중 자음 'ㅎ'의 이름이 바르게 표기된 것은? (   )
    ①히웃   ②히흫   ③히읗
    ④히응   ⑤히읕

12. 다음 중 자음 'ㅊ'의 이름이 바르게 표기된 것은? (   )
    ①치읏   ②치읓   ③치응
    ④치읕   ⑤츠읓

13. 다음 중 자음 'ㅍ'의 이름이 바르게 표기된 것은? (   )
    ①피읖   ②피읕   ③피읍
    ④파웃   ⑤피음

14. 다음 중 자음 'ㅂ'의 이름이 바르게 표기된 것은? (   )
    ①비음   ②비웃   ③삐읍
    ④비읍   ⑤비읖

15. 다음 중 자음 'ㅈ'의 이름이 바르게 표기된 것은? (   )
    ①지웃   ②지긋   ③지읒
    ④즈웃   ⑤지읓

※ 다음 물음에 알맞은 답의 번호를 쓰시오.

<보기> ㅋ는 (㉠)니 (㉡)의 자 처음 피어 나는 소리 같으니라

16. <보기>의 글에서 ㉠에 들어갈 알맞은 말은? (   )
    ①잇소리   ②혓소리   ③목구멍소리
    ④입술소리   ⑤어금니 소리

17. <보기>의 글에서 ㉡에 들어갈 알맞은 한자는? (   )
    ①去   ②入   ③快
    ④表   ⑤相

<보기> ㅌ는 (㉠)니 (㉡)의 자 처음 피어 나는 소리 같으니라

18. <보기>의 글에서 ㉠에 들어갈 알맞은 말은? (   )
    ①목구멍소리   ②입술소리   ③잇소리
    ④혓소리   ⑤어금니소리

19. <보기>의 글에서 ㉡에 들어갈 알맞은 한자는? (   )
    ①呑   ②朗   ③自
    ④少   ⑤也

<보기> ㅍ는 (㉠)니 (㉡)의 자 처음 피어 나는 소리 같으니라

20. <보기>의 글에서 ㉠에 들어갈 알맞은 말은? (   )
    ①혓소리   ②입술소리   ③잇소리
    ④어금니소리   ⑤목구멍소리

21. <보기>의 글에서 ㉡에 들어갈 알맞은 한자는? (   )
    ①大   ②河   ③可
    ④漂   ⑤治

<보기> ㅇ를 입술소리 아래에 이어 쓰면 (   ) 소리 되느니라

22. <보기>의 글에서 (   )에 들어갈 알맞은 말은? (   )

①입술 무거운　　②어금니 가벼운

③입술 가벼운　　④혀 가벼운

⑤혀 무거운

<보기> 점이 둘이면 (　　) 이오.

23. <보기>의 글에서 (　　)에 들어갈 알맞은 말은? (　　)

①거성　　　②입성　　　③음성

④평성　　　⑤상성

24. 다음 중 언해본 당시 '挹' 자의 독음으로 바른 것은? (　　)

①흡　　　②끔　　　③훙

④둠　　　⑤볋

25. 다음 중 언해본 당시 '業' 자의 독음으로 바른 것은? (　　)

①땀　　　②업　　　③샹

④슗　　　⑤쾡

※ 다음 글을 읽고 물음에 답하시오.

(가) 世·솅 宗종 御·엉 製·졩 訓·훈 民민
正·졍 音흠
나·랏:말ᄊᆞ·미 ㉠中듕 國·귁·에 달·아
文문 字·ᄍᆞ·와·로 서르 ᄉᆞᄆᆞᆺ·디 아·니
ᄒᆞᆯ·ᄊᆡ·이런 젼·ᄎᆞ·로 ㉡어·린 百·빅 姓·셩·이 니르·고·져·홇·배 이·셔·도 ᄆᆞ·ᄎᆞᆷ:내 제·ᄠᅳ·들 시·러 펴·디:몯홇·노·미 하·니·라 ·내·이·ᄅᆞᆯ 為·윙·ᄒᆞ·야:어
엿·비 너·겨·새·로 ㉢스·믈 여·듧 字·ᄍᆞ
·ᄅᆞᆯ ᄆᆡᆼ·ᄀᆞ노·니:사ᄅᆞᆷ:마·다:히·여·수
·비 ㉣니·겨·날·로·ᄡᅮ·메 便뼌 安한·킈
ᄒᆞ·고·져 홇ᄯᆞᄅᆞ·미니·라

26. 글 (가)의 밑줄 친 ㉠ '中듕國·귁' 에 대한 설명으로 바른 것은? (　　)

①중화민국을 줄여서 표현한 것이다.

②지금의 중화인민공화국을 예견해서 표현하였다.

③우리나라 사람이 모여 사는 대륙의 중앙에 있는 나라이다.

④명나라의 중앙에 있는 관청이라는 뜻이다.

⑤우리나라 상담(常談)에 강남(江南)이라 했다.

27. 다음 중 ㉡과 의미변화의 양상이 가장 유사한 단어는? (　　)

①말ᄊᆞᆷ　　②ᄉᆞᄆᆞᆺ디　　③놈

④어엿비　　⑤수비

28. 다음 중 ㉢의 '스믈여듧ᄍᆞ'에 대한 설명 중 옳은 것은? (　　)

①28자는 모두 실질적인 음가를 가지고 있었다.

②초성과 중성과 종성의 수를 각각 합하여 28자이다.

③ㅸ은 28자에 속하지 않으면서 국어의 음운 구실을 하였다.

④자음과 모음의 기본자는 둘 다 발음 기관의 상형을 본뜬 것이다.

⑤초성의 기본자는 ㄱ, ㄴ, ㅁ, ㅅ, ㅇ 이고, 중성의 기본자는 ·, ㅡ, ㅣ 이다.

29. 다음 중 ㉣에 해당하는 한자로 바른 것은? (　　)

①習　　　②多　　　③使

④易　　　⑤愚

30. 다음 중 ⓜ에 대한 설명이 바르지 <u>못한</u> 것은? (   )
 ①주로 관형사형 어미 뒤에서 '-이다' 와 함께 쓰인다.
 ②동작이나 상태에 대해서 '오로지 그 것'의 뜻을 나타내는 말.
 ③임금의 명을 무조건 따라야 한다는 뜻을 나타내는 말.
 ④의존명사로 오로지 그것뿐이고 그 이상 은 아님을 나타내는 말.
 ⑤한자 耳를 우리말로 풀이한 것이다.

31. 글 (가)에서 <u>밑줄 친</u> 단어의 의미 연결이 바르지 <u>못한</u> 것은? (   )
 ①사ᄆᆞ·디 : 사용하지
 ②젼·ᄎᆞ·로 : 까닭으로
 ③시·러 : 능히
 ④어엿·비 : 가엾게
 ⑤밍·ᄀᆞ노·니 : 만드니

32. 윗 글에서 글자 왼쪽에 찍힌 점에 대한 설명으로 적절하지 <u>않은</u> 것은? (   )
 ①성조를 표시하는 역할을 한다.
 ②점이 없으면 소리를 낼 수 없다.
 ③단어의 의미를 분별하게 해 준다.
 ④근대국어 시기에는 사용하지 않았다.
 ⑤점의 개수로 소리의 높고 낮음을 알 수 있다.

33. (가)의 낱말들이 현대 국어와 다른 점을 설명한 다음 중 알맞지 <u>않은</u> 것은? (   )
 ①스믈>스물 - 근대 국어 시기에 순음 'ㅁ,ㅂ,ㅍ' 등의 아래에서 모음 'ㅡ' 가 'ㅜ'로 바뀌는 원순모음화의 영향에 따른 것이다.
 ②니르고져>이르고자 - 두음법치기에 의해 어두의 'ㄴ'이 'ㅇ'으로 바뀌었다. 어미 '-고져'가 '고자'로 바뀐 것은 근대 국어 시기에 나타난 어미 모음의 양성화 경향에 따른 것이다.
 ③ᄠᅳ들>뜻을 - 중세 국어 시기에 존재하던 어두 자음군이 소실되고 된소리화경향에 따라 'ㅼ'이 'ㄸ'으로 바뀌었다.
 ④펴디>펴지 - 근대 국어 시기에 모음 i, y앞에서 'ㄷ,ㅌ,ㄸ' 등이 'ㅈ,ㅊ,ㅉ' 등으로 변하는 구개음화의 영향으로 '-디'가 '-지'로 바뀌었다.
 ⑤듕귁에>중국과 - 동국정운식 한자음 표기가 사라지고 접속조사 '에' 대신 '과'가 사용된 데 따른 것이다.

34. (가)를 통해 알 수 있는 사실이 <u>아닌</u> 것은? (   )
 ①우리말과 중국 글자 간에 차이가 있었다.
 ②실용적인 문자 생활을 도모하고자 하였다.
 ③문자 생활에 불편을 느끼는 백성들이 많았다.
 ④새 문자는 중국과의 문화 교류에 기여할 목적으로 만들어졌다.
 ⑤많은 사람들이 문자를 쉽게 사용할 수 있도록 문자의 대중화를 시도했다.

35. 다음 중 (가) 글과 관련이 <u>없는</u> 것은?(   )
 ①<동국정운>의 규정에 따라 한자음을 표기하고 있다.
 ②받침(종성)은 8종성법에 따라 표기하고 있다.
 ③소리나는 대로 적은 것을 원칙으로 한다.
 ④훈민정음을 창제한 취지를 밝히고 있다.
 ⑤훈민정음 창제 원리를 설명하고 있다.

훈민정음 해설사 자격시험 예상문제(2회)

시행 : (사)훈민정음기념사업회

※ 다음 물음에 알맞은 답의 번호를 쓰시오.

> <보기> ㉠계해년 겨울에 우리 전하께서 정음 (㉡)자를 창제하시고, 간략하게 예[例]와 뜻[義]을 들어 보여 주시며 이름을 훈민정음이라고 하셨다. (이 글자는) 모양을 본떠서 만들되 글자는 옛날 (㉢)를 본떴고, 소리에 따라 음률은 일곱 가락에 들어맞는다. 삼재의 뜻과 음양 이기의 오묘함을 두루 갖추지 않은 것이 없다.

36. <보기>의 글에서 밑줄 친 ㉠은 몇 년을 뜻하는가? (   )
　　①1444　　　②1997　　　③1443
　　④1446　　　⑤1940

37. <보기>의 글에서 ㉡에 들어갈 알맞은 말은? (   )
　　①열일곱　　②스물여덟　③스물일곱
　　④스물넷　　⑤열여섯

38. <보기>의 글에서 ㉢에 들어갈 알맞은 말은? (   )
　　①예서　　　②해서　　　③행서
　　④전서　　　⑤가림토문자

39. '하늘과 땅과 사람'의 뜻에 맞는 단어를 보기에서 고르시오. (   )
　　①삼재　　　②음양　　　③이기
　　④음률　　　⑤전하

40. 다음 중 '언문(훈민정음) 창제 반대 상소문'에 대한 설명으로 바른 것은? (   )
　　①정인지 등이 쓴 해례본을 반대해야 한다고 주장하는 상소문이다.
　　②1444년 음력 2월 20일에 올린 상소문이다.

③훈민정음 창제에 자신들이 소외되었으므로 억울하다는 상소문이다.
④명나라 황제의 승인을 받고 나서 창제해야 한다는 상소문이다.
⑤최만리와 신석조, 김문, 정창손, 하위지, 송처검 등이 상소문을 작성하였다.

※ 다음 물음에 알맞은 답의 번호를 쓰시오.

41. 다음의 '우·케, 콩'에 사용하는 예로 든 글자는? (   )
　　①ㅋ　　　　②ㅔ　　　　③ㄴ
　　④ㅇ　　　　⑤ㅜ

42. 다음 중 **그력**의 뜻으로 바른 것은? (   )
　　①그리다　　②기러기　　③달력
　　④그럭저럭　⑤기우는 해

※ 다음 물음에 알맞은 한자를 보기에서 골라 그 번호를 쓰시오.

> <보기>　　①曾　②脅　③大　④刀　⑤繒

43. :깁 (   )　　　44. 녑 (   )
45. 갈 (   )

> <보기>　　①新　②嫌　③薪　④鎌　⑤鈕

46. 낟 (   )　　　47. 섭 (   )
48. 호·미 (   )

※ 다음 물음에 알맞은 답의 번호를 쓰시오.

49. 다음 중 '가운뎃소리의 위에 놓이거나 혹은 가운뎃 소리의 왼쪽에 놓인다'의 뜻에 알맞은 단어는? (   )
　　①첫소리　　②끝소리　　③높은소리
　　④낮은 소리　⑤말소리

시행 : (사)훈민정음기념사업회

50. 다음 중 **괴**•**ᅇᅧ**의 뜻으로 바른 것은?( )
　①괴이한 여자
　②내가 사랑하는 사람
　③남이 나를 사랑한다
　④턱을 괴지 않다.
　⑤남을 사랑하지 않다.

※ 다음 물음에 알맞은 답의 번호를 쓰시오.

　〈보기〉
　快자의 초성은 어금닛소리 (㉠)이다.
　呑자의 초성은 혓소리 (㉡)이다.
　漂자의 초성은 입술소리 (㉢)이다.
　侵자의 초성은 잇소리 (㉣)이다.
　虛자의 초성은 목구멍소리 (㉤)이다.

51. 〈보기〉의 글에서 ㉠에 들어갈 초성으로
바른 것은? ( )
　①ㄱ　　　　②ᅘ　　　　③ㅋ
　④ㅃ　　　　⑤ㄲ

52. 〈보기〉의 글에서 ㉡에 들어갈 초성으로
바른 것은? ( )
　①ㄴ　　　　②ㄸ　　　　③ㆁ
　④ㄷ　　　　⑤ㅌ

53. 〈보기〉의 글에서 ㉢에 들어갈 초성으로
바른 것은? ( )
　①ㅂ　　　　②ㅍ　　　　③ㅎ
　④ㅃ　　　　⑤ㅁ

54. 〈보기〉의 글에서 ㉣에 들어갈 초성으로
바른 것은? ( )
　①ㅉ　　　　②ㅆ　　　　③ㅅ
　④ㅊ　　　　⑤ㅈ

55. 〈보기〉의 글에서 ㉤에 들어갈 초성으로
바른 것은? ( )
　①ㅎ　　　　②ㅇ　　　　③ᅘ
　④ᅙ　　　　⑤ㆁ

　〈보기〉 虯자의 중성은 (㉠)이다.
　　　　 覃자의 중성은 (㉡)이다.
　　　　 步자의 중성은 (㉢)이다.
　　　　 慈자의 중성은 (㉣)이다.
　　　　 洪자의 중성은 (㉤)이다.

56. 〈보기〉의 글에서 ㉠에 들어갈 중성으로
바른 것은? ( )
　①ㅑ　　　　②ㅠ　　　　③ㅕ
　④ㅓ　　　　⑤ㅣ

57. 〈보기〉의 글에서 ㉡에 들어갈 중성으로
바른 것은? ( )
　①ㅕ　　　　②ㅓ　　　　③ㅣ
　④ㅏ　　　　⑤ㅑ

58. 〈보기〉의 글에서 ㉢에 들어갈 중성으로
바른 것은? ( )
　①ㅗ　　　　②ㅜ　　　　③ㅛ
　④ㅑ　　　　⑤ㅓ

59. 〈보기〉의 글에서 ㉣에 들어갈 중성으로
바른 것은? ( )
　①ㅓ　　　　②ㅑ　　　　③·
　④ㅕ　　　　⑤ㅣ

60. 〈보기〉의 글에서 ㉤에 들어갈 중성으로
바른 것은? ( )
　①ㅣ　　　　②ㅡ　　　　③ㅓ
　④ㅛ　　　　⑤ㅗ

훈민정음 해설사 자격시험 예상문제(2회)

시행 : (사)훈민정음기념사업회

※ 다음 물음에 알맞은 답의 번호를 쓰시오.

> <보기> 목구멍은 깊고 젖어 있으니, (㉠)에 해당한다. 계절로는 겨울이 되고, 소리로는 우(羽)가 된다. 어금니는 어긋나고 기니, (㉡)에 해당한다. 계절로는 봄이 되고, 소리로는 각(角)이 된다. 혀는 날카로우면서 움직이니, (㉢)에 해당한다. 계절로는 여름이 되고, 소리로는 치(徵)가 된다. 이는 단단하고 물건을 끊으니, (㉣)에 해당한다. 계절로는 가을이 되고, 소리로는 상(商)이 된다. 입술은 사각형이면서 합해지니, (㉤)에 해당한다. 계절로는 늦여름이 되고, 소리로는 궁(宮)이 된다.

61. <보기>의 글에서 ㉠에 들어갈 알맞은 말은? (　　)
①불　　　　②물　　　　③나무
④쇠　　　　⑤흙

62. <보기>의 글에서 ㉡에 들어갈 알맞은 말은? (　　)
①나무　　　②흙　　　　③불
④물　　　　⑤쇠

63. <보기>의 글에서 ㉢에 들어갈 알맞은 말은? (　　)
①쇠　　　　②나무　　　③물
④흙　　　　⑤불

64. <보기>의 글에서 ㉣에 들어갈 알맞은 말은? (　　)
①흙　　　　②불　　　　③나무
④쇠　　　　⑤물

65. <보기>의 글에서 ㉤에 들어갈 알맞은 말은? (　　)

①물　　　　②쇠　　　　③흙
④불　　　　⑤나무

※ 다음 물음에 알맞은 답의 번호를 쓰시오.

> <보기> 대저 사람이 (㉠)를 가짐은 오행에 (㉡)을 두고 있다. 그러므로, 네 (㉢)과 어울려 보아도 어그러지지 않고, 오음에 맞추어도 어긋나지 않는다.

66. <보기>의 글에서 ㉠에 들어갈 알맞은 말은? (　　)
①소음　　　②소설　　　③소식
④소리　　　⑤우리

67. <보기>의 글에서 ㉡에 들어갈 알맞은 말은? (　　)
①근검　　　②근본　　　③차이
④오음　　　⑤근성

68. <보기>의 글에서 ㉢에 들어갈 알맞은 말은? (　　)
①사방　　　②방향　　　③사지
④방위　　　⑤계절

69. '우주 간에 쉬지 않고 운행하는 다섯가지 원소' 라는 뜻의 단어를 보기에서 고르시오. (　　)
①오행　　　②오해　　　③오상
④사람　　　⑤오류

70. '음률의 다섯가지 음' 이라는 뜻의 단어를 보기에서 고르시오. (　　)
①오류　　　②오봉　　　③오음
④오우　　　⑤오수

훈민정음 해설사 자격시험 예상문제(2회)

시행 : (사)훈민정음기념사업회

※ 다음의 보기는 훈민정음 창제 당시의 자음 순서이다. 물음에 알맞은 답의 번호를 보기에서 골라 쓰시오.

> (㉠) ㅋ ㆁ (㉡) ㅌ ㄴ ㅂ ㅍ (㉢) ㅈ ㅊ
> (㉣) ㆆ ㅎ ㅇ ㄹ (㉤)

71. 위 보기에서 ㉠에 들어갈 자음으로 알맞은 것은? (   )

①ㅅ　　　　②ㅄ　　　　③ㄶ
④ㅀ　　　　⑤ㄱ

72. 위 보기에서 ㉡에 들어갈 자음으로 알맞은 것은? (   )

①ㄾ　　　　②ㄷ　　　　③ㄼ
④ㄽ　　　　⑤ㅃ

73. 위 보기에서 ㉢에 들어갈 자음으로 알맞은 것은? (   )

①ㄸ　　　　②ㄲ　　　　③ㅎㅎ
④ㅁ　　　　⑤ㅄ

74. 위 보기에서 ㉣에 들어갈 자음으로 알맞은 것은? (   )

①ㅅ　　　　②ㅄ　　　　③ㅳ
④ㄴ　　　　⑤ㆀ

75. 위 보기에서 ㉤에 들어갈 자음으로 알맞은 것은? (   )

①ㅱ　　　　②ㅸ　　　　③ㅿ
④ㅹ　　　　⑤ㆄ

※ **다음 표 속의 (   )에 알맞은 답의 번호를 쓰시오.**

자음	상형	가획	이체	오행	계절	방위
아음(어금니)	ㄱ	ㅋ	ㆁ	木	봄	(㉤)
설음(혀)	(㉠)	ㄷ,ㅌ	ㄹ	火	(㉣)	남
순음(입술)	ㅁ	(㉡)		土	늦여름	중앙
치음(이)	ㅅ	ㅈ,ㅊ	ㅿ	(㉢)	가을	서
후음(목구멍)	ㅇ	ㅎ		水	겨울	북

76. 위 보기에서 ㉠에 들어갈 내용으로 알맞은 것은? (   )

①ㄸ　　　　②ㅍ　　　　③ㅃ
④ㄴ　　　　⑤ㄽ

77. 위 보기에서 ㉡에 들어갈 내용으로 알맞은 것은? (   )

①ㄼ　　　　②ㄽ　　　　③ㅀ
④ㅸ　　　　⑤ㅂ,ㅍ

78. 위 보기에서 ㉢에 들어갈 내용으로 알맞은 것은? (   )

①川　　　　②風　　　　③金
④山　　　　⑤雨

79. 위 보기에서 ㉣에 들어갈 내용으로 알맞은 것은? (   )

①여름　　　②봄　　　　③가을
④겨울　　　⑤늦봄

80. 위 보기에서 ㉤에 들어갈 내용으로 알맞은 것은? (   )

①서　　　　②동　　　　③중앙
④북　　　　⑤남

훈민정음 해설사 자격시험 예상문제(2회)

시행 : (사)훈민정음기념사업회

※ 다음 물음에 알맞은 답을 쓰시오.

주1. 간송 미술관에 소장된 훈민정음 해례본은 몇 년에 발견되었는가?

주2. 훈민정음 해례본의 어제 서문은 몇 자로 쓰였는가?

주3. 훈민정음은 누가 창제하였는가?

주4. 훈민정음 자음 'ㆆ'의 이름을 정확하게 쓰시오.

주5. 훈민정음 자음 'ㄴ'의 이름을 훈몽자회에 표기된 한자로 쓰시오.

주6. '御製'의 뜻은?

주7. '侵'의 가운뎃소리에 해당하는 모음을 쓰시오.

주8. '欲'의 첫소리에 해당하는 자음을 쓰시오.

주9. '·뜨 ·들'의 뜻을 현대어로 풀이하시오.

주10. '·훓 ·배 이 ·셔 ·도'의 뜻을 현대어로 풀이하시오.

※ 다음 물음에 알맞은 답을 보기에서 골라 쓰시오.

• 月	• 霜	• 石	• 霧

주11. **돌** 의 뜻[훈:訓]을 가진 한자.

주12. **서리** 의 뜻[훈:訓]을 가진 한자.

• 舌	• 時	• 寺	• 告

주13. **때** 의 뜻[훈:訓]을 가진 한자.

주14. **혀** 의 뜻[훈:訓]을 가진 한자.

※ 다음 글의 ( )안에 알맞은 답을 쓰시오.

주15. 초성해는 (   )에 대한 풀이이다.

주16. 가운뎃소리는 자운의 가운데 놓여 첫소리, 끝소리와 합하여져 (   )을 이룬다.

주17. ㅿ도 또한 혀와 이의 모양을 본떴으나 그 모양새를 달리해서, 획을 더한 뜻은 ( ).

※ 다음 물음에 알맞은 답을 쓰시오.

<보기>	牙	舌	脣	齒	(㉠)
	(㉡)	火	土	金	水

주18. 위 <보기>에서 (㉠)의 자음(子音)에 들어갈 해당하는 한자를 쓰시오.

주19. 위 <보기>에서 (㉡)의 오행에 들어갈 해당하는 한자를 쓰시오.

<보기>	·	ㅡ	ㅣ	ㅗ	ㅏ	ㅜ	ㅓ
	ㅛ	ㅑ	ㅠ	ㅕ			

주20. 위 <보기>에 표기된 모음 중 재출자를 모두 찾아 쓰시오.

☞ 수고하셨습니다.

훈민정음 해설사 자격시험 예상문제(3회)

시행 : (사)훈민정음기념사업회

※ 다음 물음에 알맞은 답의 번호를 쓰시오.

1. 간송미술관에 소장된 『훈민정음 해례본』은 국보 몇 호로 지정되어 있는가? ( )
   ①1호　　　②2호　　　③60호
   ④7호　　　⑤70호

2. 세종이 훈민정음을 창제하게 된 동기는?
   ①과거시험을 시행하려고
   ②세금을 더 많이 거두려고
   ③백성들이 글을 알지 못하는 것이 안타까워서
   ④어명을 적게 하려고
   ⑤한자를 없애려고

3. 다음 중 세종대왕에 대한 설명으로 바른 것은? ( )
   ①『용비어천가』등 여러 종류의 책을 펴내 훈민정음을 장려했다.
   ②문화정책은 잘 펼쳤으나 정치적으로는 불안정한 시국이었다.
   ③훈민정음 창제 당시에 신하들이 적극적으로 협력하였다.
   ④한자를 못 쓰게 하려고 훈민정음을 창제하였다.
   ⑤조선 시대 왕 가운데 가장 오랫동안 재위하였다.

4. 훈민정음에서 「훈민」의 뜻에 대한 설명으로 바른 것은? ( )
   ①백성을 기른다.
   ②백성이 가르친다.
   ③가르친 백성
   ④백성을 가르친다.
   ⑤깨우친 백성

5. 『훈민정음 해례본』이 유네스코(UNESCO)에 세계기록유산으로 등재된 해는? ( )
   ①1940년　　②1997년　　③1945년
   ④2002년　　⑤1950년

6. 다음 중 『훈민정음 언해본』에 대한 설명이 바르지 않은 것은? ( )
   ①해례본에 있는 제자해는 수록되어 있지 않다.
   ②현존하는 가장 오래된 판본은 『월인석보』의 권두에 실린 것이다.
   ③'한문+현토+언해'의 방식으로 쓰였다.
   ④언해본은 한문으로 기록된 훈민정음 원본을 조선어로 옮긴 책이라는 뜻이다.
   ⑤언해본은 세종 25년에 정인지 등이 발간하였다.

7. 다음 중 설명이 바르지 않은 것은? ( )
   ①조선글 - '조선글자'의 줄임말로 조선시대 양반들이 사용했던 이름이다.
   ②배달말 - 상고 시대부터 우리 민족이 써온 말이라는 뜻이다.
   ③이어(俚語) - 항간에서 떠돌며 쓰이는 속된말, 혹은 상말이라는 뜻이다.
   ④아햇글 - 아직 한문을 제대로 배우지 못한 아이들이나 쓰는 글이라는 뜻이다.
   ⑤언문 - 글말의 글자인 한자, 한문에 상대하여 훈민정음을 이르던 말.

8. 다음 중에서 한글날의 시초가 된 기념일은? ( )
   ①가나날　　②언문날　　③가갸날
   ④자모날　　⑤조선글날

시행 : (사)훈민정음기념사업회

9. 다음 중 '한글'에 대한 설명이 바르지 <u>않는</u> 것은? (   )

①자음은 14자이고 모음은 10자이다.

②조선어 연구회 기관지 창간호 이름에서 비롯되었다.

③크다, 많다를 의미하는 고어 '하다'에서 유래했다는 설.

④세종대왕이 한글이라고 이름붙였다.

⑤주시경이 약 1912년 경에 저술한 소리 갈에서 출전했다.

10. 다음 중 1444년 언문으로 운회를 번역하는 일에 참여하지 <u>않은</u> 사람은? (   )

①최항   ②정인지   ③박팽년

④강희안   ⑤신숙주

11. 다음 중 자음 'ㆁ'의 이름이 바르게 표기된 것은? (   )

①반이응   ②옛히읗   ③이응

④옛이응   ⑤꼭지히읗

12. 다음 중 자음 'ㅈ'의 이름이 바르게 표기된 것은? (   )

①지읏   ②지귿   ③지읒

④즈읒   ⑤지읓

13. 다음 중 자음 'ㅌ'의 이름이 바르게 표기된 것은? (   )

①트을   ②티읏   ③티읏

④티귿   ⑤티읕

14. 다음 중 자음 'ㆆ'의 이름이 바르게 표기된 것은? (   )

①여린히읗   ②옛히응   ③반히읗

④꼭지히읗   ⑤여린이응

15. 다음 중 자음 'ㅇ'의 이름이 바르게 표기된 것은? (   )

①이은   ②이읒   ③이응

④이응   ⑤니응

<보기> ㆁ는 (㉠)니 (㉡)의 자 처음 피어나는 소리 같으니라

16. <보기>의 글에서 ㉠에 들어갈 알맞은 말은? (   )

①잇소리   ②혓소리   ③입술소리

④어금니 소리 ⑤목구멍소리

17. <보기>의 글에서 ㉡에 들어갈 알맞은 한자는? (   )

①江   ②多   ③馬

④夫   ⑤業

<보기> ㄴ는 (㉠)니 (㉡)의 자 처음 피어나는 소리 같으니라

18. <보기>의 글에서 ㉠에 들어갈 알맞은 말은? (   )

①입술소리   ②혓소리   ③목구멍소리

④잇소리   ⑤어금니소리

19. <보기>의 글에서 ㉡에 들어갈 알맞은 한자는? (   )

①永   ②順   ③後

④那   ⑤田

<보기> ㅁ는 (㉠)니 (㉡)의 자 처음 피어나는 소리 같으니라

20. <보기>의 글에서 ㉠에 들어갈 알맞은 말은? (   )

①입술소리　　②잇소리　　　③혓소리
④어금니소리　⑤목구멍소리

21. <보기>의 글에서 ㉡에 들어갈 알맞은 한
자는? (　　)

①太　　　　　②比　　　　　③彌
④波　　　　　⑤西

<보기> (　　　　)를 어울려 쓸 때면 나란히
쓰라.

22. <보기>의 글에서 (　　)에 들어갈 알맞은
말은? (　　)

①가운뎃소리　②첫소리　　　③끝소리
④나중소리　　⑤높은 소리

<보기> 점이 없으면 (　　　)이오.

23. <보기>의 글에서 (　　)에 들어갈 알맞은
말은? (　　)

①음성　　　　②상성　　　　③거성
④입성　　　　⑤평성

24. 다음 중 언해본 당시 '斗' 자의 독음으
로 바른 것은? (　　)

①끃　　　　　②샹　　　　　③뽕
④땀　　　　　⑤업

25. 다음 중 언해본 당시 '快' 자의 독음으
로 바른 것은? (　　)

①쾡　　　　　②쯉　　　　　③볋
④땀　　　　　⑤슗

※ 다음 글을 읽고 물음에 답하시오.

(가) 世·솅 宗종 御·엉製·졩 訓·훈 民민
正·졍 音흠
나·랏:말ᄊᆞ·미 ㉠中듕 國·귁·에 달·아
文문 字·ᄍᆞ·와·로 서르 ㉡ᄉᆞ ᄆᆞᆺ·디 아·
니 ᄒᆞᆯ·ᄊᆡ·이런 ㉢젼·ᄎᆞ·로 ㉣어·린 百·
빅 姓·셩·이 니르·고·져 ·홀·배 이·셔·
도 ᄆᆞᄎᆞᆷ·내 제·ᄠᅳ·들 시·러 펴·디 :몯
ᄒᆞᆯ ㉤노·미 하·니·라 ·내·이·ᄅᆞᆯ 爲·윙·ᄒᆞ
·야 ㉥어·엿·비 너·겨·새·로 ㉦·스·믈 여
·듪 字·ᄍᆞ·ᄅᆞᆯ 밍·ᄀᆞ노·니 :사ᄅᆞᆷ :마·다 :
히·여·수·비 니·겨·날·로 ㉧·뿌·메 便뼌
安한·킈 ᄒᆞ·고·져 ᄒᆞᆯ ㉨ᄯᆞᄅᆞ·미니·라

26. (가)에 대한 설명으로 적절하지 <u>않은</u> 것
은? (　　)

①민족적 주체성이 드러나 있다.
②만인은 평등하다는 것을 전제하고 있다.
③새로운 문자를 제정하는 취지를 드러내
　고 있다.
④문자에 대한 의사 소통상의 실용주의를
　엿볼 수 있다.
⑤백성의 어려움을 생각하는 통치자의 자
　세가 드러나 있다.

27. (가)에 쓰인 단어 중, 후대에 '의미의
변화'를 보이는 것들로 바르게 묶인 것은?
①말, 젼ᄎᆞ, 어린
②어린, ᄉᆞᄆᆞᆺ디, ᄆᆞᄎᆞᆷ내
③어린, 노미, 어엿비
④노미, 어엿비, 너겨
⑤어엿비, 너겨, 뿌메

28. ㉠의 '—에'와 같은 의미로 사용된 것
은? (　　)
①형에 비해 공부를 못한다.
②난 집에 가겠다.

훈민정음 해설사 자격시험 예상문제(3회)

시행 : (사)훈민정음기념사업회

③자동차에 치였다.
④올 여름에 설악산에 갔다.
⑤이번 태풍에 큰 피해를 입었다.

29. (가)에 담겨 있는 글쓴이의 생각을 바르게 추리한 것은? (　　)
①정부의 시책들을 효율적으로 알리자.
②사대주의의 근원인 한자어를 추방하자.
③백성들의 실용적 문자 생활을 도모하자.
④청소년 교육 체계를 짜임새 있게 정비하자.
⑤신분 제도에 따른 사회적 위화감을 해소하자.

30. 현대 국어와는 다른 (가)의 표기상의 특징을 잘못 지적한 것은? (　　)
①받침에 쓰이는 자음의 수효를 제한하였다.
②모음조화 현상을 엄격하게 적용하고 있다.
③받침을 소리나는 대로 이어서 표기해 놓았다.
④지금보다 구개음화가 훨씬 철저하게 지켜졌다.
⑤두음(頭音)에 /ㄴ/이 오는 것을 제한하지 않았다.

31. 조사의 쓰임이 ㉠의 경우와 가장 유사한 것은? (　　)
①가영이와 나영이는 일란성 쌍둥이다.
②다영이의 웃는 모습은 사영이와 매우 흡사하다.
③아영이의 바이올린 연주 솜씨는 자영이에 훨씬 못미친다.
④차영이는 '진달래꽃' 시구 중에서 '영변에 약산 진달래꽃'을 가장 좋아한다.
⑤하영이는 생일을 맞아, 다이어트 중임에도 떡에, 케잌까지 실컷 먹었다.

32. ㉡~㉥에 대한 설명으로 잘못된 것은?(　)
①㉡ - 지금은 소멸된 낱말로, '통하지'의 뜻으로 쓰였다.
②㉢ - 지금은 소멸된 낱말로, '까닭' 또는 '이유'를 뜻한다.
③㉣ - '어리석다'의 뜻으로, 오늘날에는 어의가 전성되었다.
④㉤ - 비속어인 '놈[자(者)]'에 조사 '-이'가 결합된 형태이다.
⑤㉥ - 세종의 '애민(愛民) 정신'이 압축적으로 표현된 말이다.

33. 글 (가)의 밑줄 친 ㉦에 속하는 자모음 글자가 아닌 것은? (　　)

①ㆆ	②ㅱ	③ㅿ
④ㆍ	⑤ㆁ	

34. ㉧과 의미가 같은 것은? (　　)
①쓰다 달다 말 한마디가 없으니 정말 답답한 노릇이군.
②훈민정음 해례본은 한자로 쓰였다.
③명당에 산소를 쓰고 싶은 것은 인지상정 아니겠어?
④윷놀이는 말을 잘 쓰는 것이 제일 중요하다.
⑤농사에 퇴비를 쓴 결과 수확량이 늘어났다.

35. 다음 중 ㉨에 해당하는 한자로 바른 것은? (　　)

①耳	②從	③也
④用	⑤而	

※ 다음 물음에 알맞은 답의 번호를 쓰시오.

훈민정음 해설사 자격시험 예상문제(3회)

시행 : (사)훈민정음기념사업회

<보기> 이 (㉠) 자로써 전환이 무궁하여 간단하면서도, 요점을 잘 드러내고 정밀하면서도 두루 통할 수 있다. 그러므로 슬기로운 사람은 (㉡)을 마치기도 전에 깨우치고 어리석은 자라도 가히 두루 미쳐서 열흘이면 배울 수 있다. 이 글자로써 (㉢)을 풀이하면 가히 그 뜻을 알 수 있고, 이 글자로써 송사를 심리하면 그 실정을 알 수 있다.

36. <보기>의 글에서 ㉠에 들어갈 알맞은 말은? (   )
   ①스물일곱   ②스물넷   ③열여섯
   ④열일곱   ⑤스물여덟

37. <보기>의 글에서 ㉡에 들어갈 알맞은 말은? (   )
   ①한 달   ②열흘   ③하루아침
   ④일 주일   ⑤사흘

38. <보기>의 글에서 ㉢에 들어갈 알맞은 말은? (   )
   ①한문   ②훈민정음   ③언문
   ④불경   ⑤방언

39. '공간이나 시간 따위가 끝이 없음.' 의 뜻에 맞는 단어를 보기에서 고르시오.(   )
   ①전환   ②무궁   ③송사
   ④요점   ⑤정밀

40. 다음 중 '언문(훈민정음) 창제 반대 상소문' 과 관계가 <u>없는</u> 것은? (   )
   ①옥사에 언문을 사용하더라도 억울함이 없어지지 않을 것이다.
   ②한문과 아무런 관계가 없는 언문을 사용하는 것은 문화를 망치는 것이다.

   ③한자의 음을 언문으로 표기하는 언문운서는 한자의 음을 바꾸는 것이다.
   ④이두는 가짜 음을 사용하기에 껄끄럽거나 막힘이 있어서 논할 바가 아니다.
   ⑤여러 문자를 사용하는 오랑캐처럼 중국의 문명을 망치는 것이다.

※ 다음 물음에 알맞은 답의 번호를 쓰시오.
41. 다음의 '러·울, 서·에' 에서 사용하는 예로 든 초성자는? (   )
   ①ㄹ   ②ㅅ   ③ㅜ
   ④ㆁ   ⑤ㅓ

42. 다음 중 **반되** 의 뜻으로 바른 것은?(   )
   ①쌀 반되   ②반대하다
   ③절반들이 되   ④반성하다
   ⑤반딧불

※ 다음 물음에 알맞은 한자를 보기에서 골라 그 번호를 쓰시오.

<보기>	①銅 ②虎 ③虔 ④氷 ⑤水

43. :범 (   )   44. ·믈 (   )
45. **구·리** (   )

<보기>	①舌 ②告 ③酉 ④引 ⑤弘

46. **혀** (   )   47. **ᅘᅧ** (   )
48. **ᄠᅳᆷ** (   )

※ 다음 물음에 알맞은 답의 번호를 쓰시오.
49. 다음 중 '안정되면서 화하니 봄이다' 의 뜻에 알맞은 단어는? (   )
   ①상성   ②평성   ③거성
   ④입성   ⑤고성

시행 : (사)훈민정음기념사업회

50. 다음 중 **소다**의 뜻으로 바른 것은?( )
①물건을 덮는다.
②맛을 달게 하는 것
③소원을 빌다.
④소를 가리키는 말.
⑤작은 것이다.

※ 다음 물음에 알맞은 답의 번호를 쓰시오.

> <보기>
> 虯자의 초성은 어금닛소리 (㉠)이다.
> 覃자의 초성은 혓소리 (㉡)이다.
> 步자의 초성은 입술소리 (㉢)이다.
> 慈자의 초성은 잇소리 (㉣)이다.
> 洪자의 초성은 목구멍소리 (㉤)이다.

51. <보기>의 글에서 ㉠에 들어갈 초성으로
바른 것은? ( )
①ㄲ ②ㅋ ③ㆁ
④ㄱ ⑤ㅁ

52. <보기>의 글에서 ㉡에 들어갈 초성으로
바른 것은? ( )
①ㄷ ②ㅌ ③ㅇ
④ㄸ ⑤ㅍ

53. <보기>의 글에서 ㉢에 들어갈 초성으로
바른 것은? ( )
①ㄴ ②ㅎ ③ㅍ
④ㅂ ⑤ㅃ

54. <보기>의 글에서 ㉣에 들어갈 초성으로
바른 것은? ( )
①ㅈ ②ㅅ ③ㅉ
④ㅊ ⑤ㅆ

55. <보기>의 글에서 ㉤에 들어갈 초성으로
바른 것은? ( )
①ㆆ ②ㆅ ③ㅇ
④ㄴ ⑤ㅎ

> <보기> 業자의 중성은 (㉠)이다.
> 那자의 중성은 (㉡)이다.
> 彌자의 중성은 (㉢)이다.
> 戌자의 중성은 (㉣)이다.
> 欲자의 중성은 (㉤)이다.

56. <보기>의 글에서 ㉠에 들어갈 중성으로
바른 것은? ( )
①ㅑ ②ㅡ ③ㅓ
④ㅕ ⑤ㅜ

57. <보기>의 글에서 ㉡에 들어갈 중성으로
바른 것은? ( )
①ㅕ ②ㅏ ③ㅑ
④ㅡ ⑤ㅗ

58. <보기>의 글에서 ㉢에 들어갈 중성으로
바른 것은? ( )
①ㅗ ②ㅡ ③ㅕ
④ㅣ ⑤ㅑ

59. <보기>의 글에서 ㉣에 들어갈 중성으로
바른 것은? ( )
①ㅜ ②ㅑ ③ㅗ
④ㆍ ⑤ㅠ

60. <보기>의 글에서 ㉤에 들어갈 중성으로
바른 것은? ( )
①ㅛ ②ㅜ ③ㆍ
④ㅑ ⑤ㅕ

훈민정음 해설사 자격시험 예상문제(3회)

시행 : (사)훈민정음기념사업회

※ 다음 물음에 알맞은 답의 번호를 쓰시오.

<보기> (㉠)은 소리가 나오는 문이요, (㉡)는 소리를 변별해내는 기관이다. 그러므로 오음의 가운데에 목구멍소리와 혓소리가 주가 된다. 목구멍은 뒤에 있고 (㉢)는 그다음이니, 북쪽과 동쪽의 방위다. 혀와 (㉣)는 그 앞에 있으니, 남쪽과 서쪽의 방위다. (㉤)은 끝에 있으니, 흙이 일정한 자리가 없어 네 계절에 기대어 왕성함을 뜻한다.

61. <보기>의 글에서 ㉠에 들어갈 알맞은 말은? (　　)
　①목구멍　　②이　　　　③혀
　④어금니　　⑤입술

62. <보기>의 글에서 ㉡에 들어갈 알맞은 말은? (　　)
　①어금니　　②입술　　　③목구멍
　④이　　　　⑤혀

63. <보기>의 글에서 ㉢에 들어갈 알맞은 말은? (　　)
　①혀　　　　②목구멍　　③어금니
　④이　　　　⑤입술

64. <보기>의 글에서 ㉣에 들어갈 알맞은 말은? (　　)
　①입술　　　②이　　　　③목구멍
　④혀　　　　⑤어금니

65. <보기>의 글에서 ㉤에 들어갈 알맞은 말은? (　　)
　①어금니　　②혀　　　　③이
　④입술　　　⑤목구멍

<보기> ㄱ는 나무가 (㉠)을 이룬 것이요, ㅋ는 나무가 무성히 자란 것이며, ㄲ는 나무가 나이가 들어 (㉡)이 된 것이므로, 이에 이르기까지 모두 (㉢)의 모양을 취했다. 전청을 나란히 쓰면 전탁이 되는 것은, 그 전청의 소리가 엉기면 전탁이 되기 때문이다.

66. <보기>의 글에서 ㉠에 들어갈 알맞은 말은? (　　)
　①바람　　　②불　　　　③바탕
　④물　　　　⑤쇠

67. <보기>의 글에서 ㉡에 들어갈 알맞은 말은? (　　)
　①청년　　　②소년　　　③유년
　④장년　　　⑤노년

68. <보기>의 글에서 ㉢에 들어갈 알맞은 말은? (　　)
　①어금니　　②이　　　　③혀
　④목구멍　　⑤입술

69. '훈민정음의 초성 체계 가운데 ㄱ,ㄷ,ㅂ,ㅅ,ㅈ 따위에 공통되는 음성적 특질을 이르는 말' 이라는 뜻의 단어를 보기에서 고르시오. (　　)
　①나무　　　②취하다　　③쓰다
　④엉기다　　⑤전청

70. '훈민정음의 초성 체계 가운데 ㄲ,ㄸ,ㅆ,ㅃ,ㅉ 따위에 공통되는 음성적 특질을 이르는 말' 이라는 뜻의 단어를 보기에서 고르시오. (　　)
　①무성　　　②전탁　　　③나이
　④모양　　　⑤소리

훈민정음 해설사 자격시험 예상문제(3회)

시행 : (사)훈민정음기념사업회

※ 다음의 보기는 훈민정음 창제 당시의 자음 순서이다. 물음에 알맞은 답의 번호를 보기에서 골라 쓰시오.

〈보기〉
ㄱ ㅋ ㆁ ㄷ (㉠) ㄴ (㉡) ㅍ ㅁ (㉢) ㅊ
ㅅ ㆆ (㉣) (㉤) ㄹ ㅿ

71. 위 보기에서 ㉠에 들어갈 자음으로 알맞은 것은? (   )
①ㅱ ②ㅸ ③ㅌ
④ㅥ ⑤ㅄ

72. 위 보기에서 ㉡에 들어갈 자음으로 알맞은 것은? (   )
①ㆅ ②ㄸ ③ㄽ
④ㅬ ⑤ㅂ

73. 위 보기에서 ㉢에 들어갈 자음으로 알맞은 것은? (   )
①ㅨ ②ㅈ ③ㅧ
④ㅹ ⑤ㆀ

74. 위 보기에서 ㉣에 들어갈 자음으로 알맞은 것은? (   )
①ㅵ ②ㅃ ③ㅭ
④ㅎ ⑤ㆄ

75. 위 보기에서 ㉤에 들어갈 자음으로 알맞은 것은? (   )
①ㅇ ②ㅫ ③ㅯ
④ㅰ ⑤ㄲ

※ 다음 표 속의 (   )에 알맞은 답의 번호를 쓰시오.

자음	상형	가획	이체	오행	계절	방위
아음(어금니)	ㄱ	ㅋ	ㆁ	木	봄	동
설음(혀)	ㄴ	ㄷ,ㅌ	ㄹ	火	여름	(㉤)
순음(입술)	(㉠)	ㅂ,ㅍ		土	(㉣)	중앙
치음(이)	ㅅ	(㉡)	ㅿ	金	가을	서
후음(목구멍)	ㅇ	ㅎ		(㉢)	겨울	북

76. 위 보기에서 ㉠에 들어갈 내용으로 알맞은 것은? (   )
①ㆀ ②ㅁ ③ㅨ
④ㅯ ⑤ㅧ

77. 위 보기에서 ㉡에 들어갈 내용으로 알맞은 것은? (   )
①ㅄ ②ㅹ ③ㅰ
④ㅈ,ㅊ ⑤ㅥ

78. 위 보기에서 ㉢에 들어갈 내용으로 알맞은 것은? (   )
①水 ②風 ③山
④雨 ⑤川

79. 위 보기에서 ㉣에 들어갈 내용으로 알맞은 것은? (   )
①봄 ②여름 ③늦여름
④가을 ⑤겨울

80. 위 보기에서 ㉤에 들어갈 내용으로 알맞은 것은? (   )
①중앙 ②동 ③서
④북 ⑤남

시행 : (사)훈민정음기념사업회

※ 다음 물음에 알맞은 답을 쓰시오.

주1. 훈민정음을 창제한 세종대왕은 조선의 몇 번째 왕인가?

주2. 훈민정음 언해본의 어제서문은 몇 자로 쓰였는가?

주3. 국보 70호 훈민정음 해례본의 가치를 알고 매입한 인물은?

주4. 훈민정음 자음 'ㅿ'의 이름을 정확하게 쓰시오.

주5. 훈민정음 자음 'ㅂ'의 이름을 훈몽자회에 표기된 한자로 쓰시오.

주6. '憫然(민연)'의 뜻은?

주7. '彆'의 가운뎃소리에 해당하는 모음을 쓰시오.

주8. '穰'의 첫소리에 해당하는 자음을 쓰시오.

주9. '히여'의 뜻을 현대어로 풀이하시오.

주10. '밍ᄀ노니'의 뜻을 현대어로 풀이하시오.

※ 다음 물음에 알맞은 답을 보기에서 골라 쓰시오.

• 柳	• 卯	• 奴	• 如

주11. 종 의 뜻[훈:訓]을 가진 한자.

주12. 버들 의 뜻[훈:訓]을 가진 한자.

• 丁	• 士	• 釘	• 士

주13. 홁 의 뜻[훈:訓]을 가진 한자.

주14. 몯 의 뜻[훈:訓]을 가진 한자.

※ 다음 글의 ( )안에 알맞은 답을 쓰시오.

주15. 첫소리 스물 석자 이것이 ( )가 된다.

주16. 가운뎃소리는 자운의 가운데 놓여 ( ), 끝소리와 합하여져 음을 이룬다.

주17. ㅇ을 입술소리 아래에 이어 쓰면 ( )가 된다.

※ 다음 물음에 알맞은 답을 쓰시오.

<보기> (㉠)	舌	屑	齒	喉
木	火	(㉡)	金	水

주18. 위 <보기>에서 (㉠)의 자음(子音)에 들어갈 해당하는 한자를 쓰시오.

주19. 위 <보기>에서 (㉡)의 오행에 들어갈 해당하는 한자를 쓰시오.

<보기> · ㅡ ㅣ ㅗ ㅏ ㅜ ㅓ
ㅛ ㅑ ㅠ ㅕ

주20. 위 <보기>에 표기된 모음 11자 중 기본원리를 나타내는 글자를 쓰시오.

훈민정음 해설사 자격시험 예상문제(4회)

시행 : (사)훈민정음기념사업회

※ **다음 물음에 알맞은 답의 번호를 쓰시오.**

1. 훈민정음 반포연도로 맞는 것은? (　　)
　①1446년　　②1443년　　③1448년
　④1441년　　⑤1442년

2. 다음 중 훈민정음에 대한 설명이 바르지 못한 것은? (　　)
　①28자를 이용한 병서·연서 문자와, 성조를 표시하는 방점이 쓰였다.
　②창제 당시에는 28자였는데, 오늘날에는 26자만 쓰인다.
　③음소문자이면서 음절문자의 성격을 동시에 갖는다.
　④글자의 창제과정에는 집현전 학자들의 연구가 뒷받침되었다.
　⑤서문에 자주, 애민, 실용 정신이 반영된 세종의 어지가 실려 있다.

3. 다음 중 세종에 대한 설명으로 바르지 않은 것은? (　　)
　①휘는 도(祹), 자는 원정(元正), 아명은 막동이였다.
　②1418년 22세의 나이로 즉위하였다.
　③수준 높은 민족문화의 창달과 조선 왕조의 기틀을 튼튼히 하였다.
　④태종으로부터 왕위를 양위 받아 세종이라 칭하였다.
　⑤1422년 재위 4년 만에 전권을 행사하게 되었다.

4. 훈민정음에서 「정음」의 뜻에 대한 설명으로 바른 것은? (　　)
　①곧은 소리　②곧은 음악　③바른 소리
　④바른 음악　⑤정직한 소리

5. 국보70호『훈민정음 해례본』이 소장 되어 있는 곳은? (　　)
　①박물관　　②규장각　　③한글기념관
　④전쟁기념관　⑤간송미술관

6. 다음 중 『훈민정음』과 관련이 <u>없는</u> 도서는? (　　)
　①주자가례　　②동국정운　　③석보상절
　④월인석보　　⑤용비어천가

7. 다음 중 '한글'에 대한 설명이 바르지 <u>않은</u> 것은? (　　)
　① '크다, 많다'를 의마하는 고어 '하다'에서 유래했다는 설이 있다.
　② '한(韓)나라의 글'이란 뜻이 일반적으로 받아들여지고 있다.
　③ '세상에서 첫째가는 글'이란 뜻도 있다.
　④ 조선말을 적기 위한 조선의 글자라는 뜻이다.
　⑤ '한글'이라는 이름의 유래와 작명자는 주시경이라는 설이 있다.

8. 전형필이 훈민정음 해례본을 구입하기 위해 지불한 금액은? (　　)
　①1,000원　　②10,000원　　③5,000원
　④3,000원　　⑤20,000원

9. 다음 중 훈민정음 해례본과 관련이 <u>없는</u> 것은? (　　)
　①광곽은 가로 16.8cm이고 세로 23.3cm이다.
　②본문(예의) 부분은 4장 7면이다.
　③전체적으로 매행 11자로 되어 있다.
　④해례부분은 26장 51면 3행이다.
　⑤정인지 서문은 3장 6면이다.

훈민정음 해설사 자격시험 예상문제(4회)

시행 : (사)훈민정음기념사업회

10. 다음 설명과 관련이 있는 인물은? (   )

이두는 물론 중국어, 일본어, 몽골어, 여진어를 두루 구사하였으며, 훈민정음을 연구하는 과정에서 이들 언어를 분석하고 조선인의 발음과 비교 분석하여 유사점과 차이점을 가려내었다.

①정인지   ②성삼문   ③최항
④이선로   ⑤신숙주

11. 다음 중 자음 'ㅌ'의 이름이 바르게 표기된 것은? (   )
①티을   ②티윽   ③티읏
④티읒   ⑤티은

12. 다음 중 자음 'ㄹ'의 이름이 바르게 표기된 것은? (   )
①리은   ②리음   ③리을
④이을   ⑤리웅

13. 다음 중 자음 'ㅋ'의 이름이 바르게 표기된 것은? (   )
①키윽   ②키읔   ③키역
④키억   ⑤키웅

14. 다음 중 자음 'ㅁ'의 이름이 바르게 표기된 것은? (   )
①미음   ②미웅   ③미읍
④민음   ⑤미엄

15. 다음 중 자음 'ㆆ'의 이름이 바르게 표기된 것은? (   )
①여린히응   ②어린히웅   ③여린히웅
④여린히을   ⑤여린히웃

※ 다음 물음에 알맞은 답의 번호를 쓰시오.

〈보기〉 ㅈ는 (㉠)니 (㉡)의 자 처음 피어나는 소리 같으니라

16. 〈보기〉의 글에서 ㉠에 들어갈 알맞은 말은? (   )
①잇소리   ②혓소리   ③입술소리
④목구멍소리   ⑤어금니소리

17. 〈보기〉의 글에서 ㉡에 들어갈 알맞은 한자는? (   )
①東   ②西   ③即
④南   ⑤北

〈보기〉 ㆆ는 (㉠)니 (㉡)의 자 처음 피어나는 소리 같으니라

18. 〈보기〉의 글에서 ㉠에 들어갈 알맞은 말은? (   )
①입술소리   ②잇소리   ③어금니소리
④혓소리   ⑤목구멍소리

19. 〈보기〉의 글에서 ㉡에 들어갈 알맞은 한자는? (   )
①車   ②挹   ③方
④虛   ⑤包

〈보기〉 ㄹ는 (㉠)니 (㉡)의 자 처음 피어나는 소리 같으니라

20. 〈보기〉의 글에서 ㉠에 들어갈 알맞은 말은? (   )
①반잇소리   ②혓소리   ③입술소리
④반혓소리   ⑤잇소리

시행 : (사)훈민정음기념사업회

21. <보기>의 글에서 ⓛ에 들어갈 알맞은 한자는? ( )
ⓛ閭　　　②母　　　③父
④山　　　⑤主

<보기> ·와 ㅡ와 ㅗ와 ㅜ와 ㅛ와 ㅠ는
（ 　 ） 아래 붙여 쓰라.

22. <보기>의 글에서 ( )에 들어갈 알맞은 말은? ( )
①끝소리　　　②낮은 소리
③높은 소리　　④가운뎃소리
⑤첫소리

<보기> (　)은 점 더함은 한가지로되
빠르니라.

23. <보기>의 글에서 ( )에 들어갈 알맞은 말은? ( )
①거성　　　②평성　　　③입성
④상성　　　⑤고성

24. 다음 중 언해본 당시 '彆' 자의 독음으로 바른 것은? ( )
①군　　　②볋　　　③쭝
④튼　　　⑤끃

25. 다음 중 언해본 당시 '穰' 자의 독음으로 바른 것은? ( )
①형　　　②낭　　　③밍
④샹　　　⑤업

※ 다음 글을 읽고 물음에 답하시오.

(가) ·솅 종 ·엉 ·젱 ·훈 민 ·정 흠
나 ·랏 ·말 ᄊ ·미 듕 ·귁 ·에 달 ·아 문 ·쫑 ·
와 ·로 서 르 ᄉ ᄆ ·디 아 ·니 ᄒᆞᆯ ·씨 ·이
런 젼 ·ᄎ ·로 어 ·린 ·빅 ·셩 ·이 니 르 ·고 ·
져 ·홇 ·배 이 ·셔 ·도 ᄆ ·ᄎᆞᆷ :내 제 ·ᄠᅳ ·들
시 ·러 펴 ·디 :몯 ᄒᆞᆯ ·노 ·미 하 ·니 ·라 ·내
·이 ·ᄅᆞᆯ ·윙 ·ᄒᆞ ·야 :어 엿 ·비 너 ·겨 ·새 ·로
ⓖ·스 ·믈 여 ·듧 ·짱 ·ᄅᆞᆯ 밍 ·ᄀᆞ 노 ·니 :사
ᄅᆞᆷ :마 ·다 ⓛ:ᄒᆡ ·ᅇᅧ :수 ·비 니 ·겨 ·날 ·로
·ᄡᅮ ·메 뼌 ·한 ·킈 ᄒ ·고 ·져 ᄒᆞᇙ ᄯᆞ ᄅᆞ ·미
니 ·라

26. (가)에서 중세 국어를 현대어로 옮긴 것 중 잘못된 것은? ( )
①니르고져(이르고자)
②ᄠᅳ들(뜻을)
③펴디(펴지)
④스믈(스물)
⑤듕귁에(중국에)

27. (가)의 표기상의 특징으로 적당하지 않은 것은? ( )
①연철 표기를 하였다.
②성조를 나타내는 있다.
③띄어쓰기를 하고 있다.
④어두에 자음군이 사용되었다.
⑤동국정운식 표기를 하고 있다.

28. 밑줄 친 ⓖ 중, 현재까지 소멸된 문자를 시대 순서대로 바르게 배열한 것은? ( )
① · → ㆁ → ㅿ → ㆆ
② ㆁ → ㅿ → ㆆ → ·
③ ㆆ → · → ㆁ → ㅿ
④ ㆆ → ㅿ → ㆁ → ·
⑤ ㅿ → ㆁ → · → ㆆ

시행 : (사)훈민정음기념사업회

29. 다음 중 ㉡에 해당하는 한자로 바른 것은? (   )

① 使   ② 便   ③ 史

④ 吏   ⑤ 更

30. 다음 중 낱말의 뜻이 현대에 와서 축소된 단어는? (   )

① 어린   ② 노미   ③ 어엿비

④ 새로   ⑤ 날로

31. 다음 중 윗 글 (가)와 현대 국어의 차이점에 대한 설명이 바르지 <u>못한</u> 것은? (   )

① (가)의 '뜨들'은 현대 국어에서 '뜻을'로 바뀌었는데, 이는 (가) 시기에 존재하는 어두 자음군이 소실되어 된소리로 바뀌어 'ㅴ'이 'ㄸ'으로 변화하였기 때문이다.

② (가)의 '펴디'는 현대 국어에서 '펴지'의 의미를 갖는데, 이는 근대 국어 시기에 나타나는 구개음화의 영향으로 'ㄷ'가 'ㅈ'로 바뀌었기 때문이다.

③ (가)의 '스믈'은 현대 국어에서 '스물'로 바뀌었는데, 이는 근대 국어 시기에 순음(ㅁ, ㅂ, ㅍ) 아래에서 모음 'ㅡ'가 'ㅜ'로 바뀌는 원순모음화의 영향 때문이다.

④ (가) 시기의 국어에서는 방점으로 소리의 높낮이를 표시하고 이를 통해 의미를 구분했지만, 현대 국어에서는 별도의 방점 없이 소리의 길이를 통해 의미를 구분하고 있다.

⑤ (가)의 '노미'는 현대 국어에서 '놈이'로 바뀌었는데, (가) 시기의 국어에서는 '여자'를 가리키는 말이었으나, 현대 국어에서는 남자를 낮추어 가리키는 말이 되었다.

32. 다음은 '훈민정음의 과학성과 창제 원리'라는 제목의 보고서에 실린 내용들이다. 다음 중 보고서에 기록되었을 내용으로 적합한 것은? (   )

① 훈민정음은 상형과 가획, 그리고 합용의 원리에 의해 창제되었다.

② 발음기관의 모양을 본 떠 만든 자음의 다섯 개 기본자는 'ㄱ, ㄷ, ㅂ, ㅈ, ㅇ'이다.

③ 'ㄲ, ㄸ, ㅃ, ㅆ, ㅉ'은 자음의 기본자에 가획을 하여 만든 글자들이다.

④ 모음은 천(天), 지(地), 인(人)을 상형 한 '·, ㅡ, ㅣ'를 기본자로 하고 있다.

⑤ 'ㅛ, ㅑ, ㅠ, ㅕ'는 모음의 기본자를 바탕으로 한 초출자이다.

33. 다음 중 방점에 대한 설명으로 옳지 <u>않</u>은 것은? (   )

① 방점은 글자의 왼쪽에 점을 찍어 표시한다.

② 방점은 성조를 표시하기 위한 것으로, 발음의 높낮이를 나타내는 기능을 갖는다.

③ 상성은 1개의 방점을 찍어 성조를 표시하며, 빨리 닫는 소리이다.

④ 방점의 유무와 개수에 따라 성조가 결정되며, 성조에는 평성, 상성, 거성, 입성이 있다.

⑤ 방점은 임진왜란 이후인 근대 국어 시기에 이르러 완전히 소실되었다.

34. 다음 [보기]에서 입성은 몇 음절인가?(   )

<보기> 나·랏 :말 ·쏘·미 中듕 國·귁·에 달·아

① 1음절   ② 2음절   ③ 3음절

④ 4음절   ⑤ 5음절

35. 다음은 위의 본문 (가)의 실제 모습이다. 이 자료를 중세국어의 특징과 연관하여 설명한 내용으로 알맞은 것은? (   )

① '나랏말ᄊᆞ미' 중 낮다가 높아지는 소리는 '말'이다.
②가로쓰기와 구절 띄어쓰기에 입각하여 표기되었다.
③각 한자마다 그 한자의 중국식 발음을 덧붙여 놓았다.
④ 'ㆍ(아래아)'를 제외한 모든 글자가 현재까지 남아 있다.
⑤지금은 '世'를 [세]로 읽지만 조선인들은 [셍]으로 읽었다.

※ 다음 물음에 알맞은 답의 번호를 쓰시오.

<보기> 글자의 (㉠)으로는 맑고 흐린 소리를 능히 구별할 수 있고, 악가의 율려가 고르게 되며, 글을 쓰는 데 갖추어지지 않은 바가 없고, 이르러 통하지 못한 바가 없다. 비록 (㉡) 소리, 학의 울음소리, (㉢) 우는 소리, 개 짖는 소리일지라도 모두 적을 수가 있다.

36. <보기>의 글에서 ㉠에 들어갈 알맞은 말은? (   )
①음   ②성   ③예
④의   ⑤운

37. <보기>의 글에서 ㉡에 들어갈 알맞은 말은? (   )
①고함   ②바람   ③폭우
④호령   ⑤악기

38. <보기>의 글에서 ㉢에 들어갈 알맞은 말은? (   )
①닭   ②새   ③매미
④아이   ⑤벌레

39. '우리나라 및 중국에서 음악이나 음성의 가락을 이르는 말'의 뜻에 맞는 단어를 보기에서 고르시오. (   )
①악가   ②성조   ③향약
④율려   ⑤가요

40. 다음 중 「정인지 서문」에 대한 설명이 바르지 않는 것은? (   )
①훈민정음의 창제이유, 창제자, 훈민정음의 우수성을 밝혔다.
②『훈민정음 해례본』의 편찬자, 편찬연월일을 분명히 밝혔다.
③해례본의 저술자가 정인지 등 6명이라고 하였다.
④훈민정음 해례본의 완성일을 알 수 있게 되었다.
⑤훈민정음은 1443년 겨울에 세종이 창제하였다는 것을 밝혔다.

※ 다음 물음에 알맞은 답의 번호를 쓰시오.

41. 다음의 '아ᅀᆞ, :너ᅀᅵ'에 사용하는 예로 든 글자는? (   )
①ㅇ   ②ㆍ   ③△
④ㄴ   ⑤ᅥ

42. 다음 중 **브섭**의 뜻으로 바른 것은?( )
　①부엌　　　　②부업　　　　③부드러움
　④부럽다　　　⑤부들부들

※ 다음 물음에 알맞은 한자를 보기에서 골라 그 번호를 쓰시오.

<보기> ①離 ②綜 ③籬 ④牛 ⑤午

43. **울** ( )　　　44. **쇼** ( )
45. **이·하** ( )

<보기> ①穀 ②杓 ③時 ④寺 ⑤釣

46. **뼈** ( )　　　47. **낛** ( )
48. **뎔** ( )

49. 다음 중 '화하면서 들어지니 여름이다.'의 뜻에 알맞은 단어는? ( )
　①평성　　　　②입성　　　　③음성
　④상성　　　　⑤거성

50. 다음 중 **쏘·다** 의 뜻으로 바른 것은?( )
　①맛이 톡 쏘다.　　②쓰다.
　③쏙 마음에 들다.　④그것을 쏜다.
　⑤소를 몰다.

※ 다음 물음에 알맞은 답의 번호를 쓰시오.

<보기> 業자의 초성은 어금닛소리 (㉠)이다. 那자의 초성은 혓소리 (㉡)이다. 彌자의 초성은 입술소리 (㉢)이다. 戌자의 초성은 잇소리 (㉣)이다. 欲자의 초성은 목구멍소리 (㉤)이다.

51. <보기>의 글에서 ㉠에 들어갈 초성으로 바른 것은? ( )
　①ㄱ　　　　②ㆅ　　　　③ㅇ
　④ㆆ　　　　⑤ㆁ

52. <보기>의 글에서 ㉡에 들어갈 초성으로 바른 것은? ( )
　①ㄷ　　　　②ㄴ　　　　③ㅋ
　④ㅌ　　　　⑤ㄸ

53. <보기>의 글에서 ㉢에 들어갈 초성으로 바른 것은? ( )
　①ㅂ　　　　②ㅍ　　　　③ㄲ
　④ㅁ　　　　⑤ㅃ

54. <보기>의 글에서 ㉣에 들어갈 초성으로 바른 것은? ( )
　①ㅅ　　　　②ㅊ　　　　③ㅆ
　④ㅈ　　　　⑤ㅉ

55. <보기>의 글에서 ㉤에 들어갈 초성으로 바른 것은? ( )
　①ㆆ　　　　②ㅎ　　　　③ㅇ
　④ㆅ　　　　⑤ㆁ

<보기> 君자의 중성은 (㉠)이다. 　　　 斗자의 중성은 (㉡)이다. 　　　 彆자의 중성은 (㉢)이다. 　　　 邪자의 중성은 (㉣)이다. 　　　 挹자의 중성은 (㉤)이다.

56. <보기>의 글에서 ㉠에 들어갈 중성으로 바른 것은? ( )
　①ㅏ　　　　②·　　　　③ㅛ
　④ㅜ　　　　⑤ㄴ

시행 : (사)훈민정음기념사업회

57. <보기>의 글에서 ⓛ에 들어갈 중성으로 바른 것은? (   )
①ㄴ   ②ㅓ   ③ㅏ
④ㅠ   ⑤ㅜ

58. <보기>의 글에서 ⓒ에 들어갈 중성으로 바른 것은? (   )
①ㅗ   ②ㅛ   ③ㅋ
④ㆍ   ⑤ㅠ

59. <보기>의 글에서 ⓔ에 들어갈 중성으로 바른 것은? (   )
①ㅑ   ②ㄴ   ③ㅛ
④ㅣ   ⑤ㅏ

60. <보기>의 글에서 ⓜ에 들어갈 중성으로 바른 것은? (   )
①ㅠ   ②ㅡ   ③ㄴ
④ㅏ   ⑤ㅐ

※ 다음 물음에 알맞은 답의 번호를 쓰시오.

<보기> 가운뎃소리는 무릇 열한 글자이다. (ㄱ)는 혀가 오그라져서 소리가 깊으니, 하늘이 자시(子時)에 열린 것이다. 모양이 둥근 것은 (ㄴ)을 본뜬 것이다. ㅡ는 혀가 조금 오그라져 소리가 깊지도 얕지도 않으니, 땅이 축시(丑時)에 열린 것이다. 모양이 평평한 것은 (ㄷ)을 본뜬 것이다. (ㄹ)는 혀가 오그라지지 않아 소리가 얕으니, 사람이 인시(寅時)에 생긴 것이다. 모양이 서 있음은 (ㅁ)을 본뜬 것이다.

61. <보기>의 글에서 ㉠에 들어갈 알맞은 모음은? (   )

①ㅡ   ②ㅣ   ③ㅏ
④ㄴ   ⑤ㆍ

62. <보기>의 글에서 ⓛ에 들어갈 알맞은 말은? (   )
①하늘   ②사람   ③물
④불   ⑤땅

63. <보기>의 글에서 ⓒ에 들어갈 알맞은 말은? (   )
①쇠   ②하늘   ③땅
④사람   ⑤흙

64. <보기>의 글에서 ⓔ에 들어갈 알맞은 모음은? (   )
①ㆍ   ②ㅣ   ③ㄴ
④ㅡ   ⑤ㅏ

65. <보기>의 글에서 ⓜ에 들어갈 알맞은 말은? (   )
①바람   ②하늘   ③흙
④사람   ⑤땅

※ 다음 물음에 알맞은 답의 번호를 쓰시오.

<보기> ㅛ, ㅑ, ㅠ, ㅕ가 모두 (ㄱ)을 겸한 것은, 사람이 만물의 영장으로 능히 (ㄴ)에 참여하기 때문이다. 하늘, 땅, 사람을 본뜬 것을 취하여 삼재의 (ㄷ)가 갖추어졌다.

66. <보기>의 글에서 ㉠에 들어갈 알맞은 말은? (   )
①동물   ②사람   ③바람
④짐승   ⑤나무

67. <보기>의 글에서 ⓛ에 들어갈 알맞은 말은? (   )

①음성   ②음지   ③음악

④음양   ⑤태양

68. <보기>의 글에서 ⓒ에 들어갈 알맞은 말은? (   )

①도리   ②도덕   ③도로

④순리   ⑤지리

69. '묘한 힘을 가진 우두머리' 라는 뜻에 맞는 단어를 보기에서 고르시오. (   )

①만물   ②하늘   ③참여

④모두   ⑤영장

70. '하늘과 땅과 사람을 뜻' 하는 단어를 보기에서 고르시오. (   )

①사람   ②삼지   ③삼재

④능히   ⑤때문

※ 다음의 보기는 훈민정음 창제 당시의 자음 순서이다. 물음에 알맞은 답의 번호를 보기에서 골라 쓰시오.

ㄱ ㅋ (㉠) ㄷ ㅌ (ⓛ) ㅂ (ⓒ) ㅁ ㅈ ㅊ (ⓔ) ㅎ ㆆ ㅇ ㄹ (ⓜ)

71. 위 보기에서 ㉠에 들어갈 자음으로 알맞은 것은? (   )

①ㆁ   ②ㅸ   ③ㅄ

④ㄸ   ⑤ㄽ

72. 위 보기에서 ⓛ에 들어갈 자음으로 알맞은 것은? (   )

①ㅱ   ②ㅮ   ③ㄴ

④ㄴ   ⑤ㅵ

73. 위 보기에서 ⓒ에 들어갈 자음으로 알맞은 것은? (   )

①ㅃ   ②ㅀ   ③ㅀ

④ㅹ   ⑤ㅍ

74. 위 보기에서 ⓔ에 들어갈 자음으로 알맞은 것은? (   )

①ㄸ   ②ㆀ   ③ㅅ

④ㄴ   ⑤ㆄ

75. 위 보기에서 ⓜ에 들어갈 자음으로 알맞은 것은? (   )

①ㄲ   ②ㅿ   ③ㄽ

④ㆅ   ⑤ㅵ

※ 다음 표 속의 (   )에 알맞은 답의 번호를 쓰시오.

자음	상형	가획	이체	오행	계절	방위
아음(어금니)	ㄱ	ㅋ	ㆁ	(ⓒ)	봄	동
설음(혀)	ㄴ	ㄷ,ㅌ	ㄹ	火	여름	남
순음(입술)	ㅁ	ㅂ,ㅍ		土	늦여름	(ⓜ)
치음(이)	(㉠)	ㅈ,ㅊ	ㅿ	金	가을	서
후음(목구멍)	ㅇ	(ⓛ)		水	(ⓔ)	북

76. 위 보기에서 ㉠에 들어갈 내용으로 알맞은 것은? (   )

①ㅍ   ②ㄸ   ③ㅅ

④ㄽ   ⑤ㅃ

77. 위 보기에서 ⓛ에 들어갈 내용으로 알맞은 것은? (   )

①ㅱ   ②ㅎ   ③ㅵ

④ㄲ   ⑤ㆅ

시행 : (사)훈민정음기념사업회

78. 위 보기에서 ㉢에 들어갈 내용으로 알맞은 것은? ( )
 ①風　②山　③雨　④木　⑤川

79. 위 보기에서 ㉣에 들어갈 내용으로 알맞은 것은? ( )
 ①이른봄　②봄　③가을
 ④여름　⑤겨울

80. 위 보기에서 ㉤에 들어갈 내용으로 알맞은 것은? ( )
 ①중앙　②북　③서　④남　⑤동

※ 다음 물음에 알맞은 답을 쓰시오.
주1. 간송 미술관에 소장된 훈민정음 해례본은 국보 몇 호인가?

주2. 훈민정음에서 '훈민' 의 뜻을 쓰시오.

주3. 훈민정음 해례본이 유네스코(UNESCO)에 세계기록유산으로 등재된 해는?

주4. 훈민정음 자음 'ㅊ' 의 이름을 정확하게 쓰시오.

주5. 훈민정음 자음 'ㅅ' 의 이름을 훈몽자회의 표기된 한자로 쓰시오.

주6. '初發聲(초발성)'의 뜻은?

주7. '覃' 의 가운뎃소리에 해당하는 모음을 쓰시오.

주8. '戌' 의 첫소리에 해당하는 자음을 쓰시오.

주9. 훈민정음 언해본 서문 중 '나랏말ㅆ미 듕귁에 달아' 에서 '달아' 의 뜻을 현대어로 풀이하시오.

주10. '·뿌·메' 의 뜻을 현대어로 풀이하시오.

※ 다음 물음에 알맞은 답을 보기에서 골라 쓰시오.

●星 ●鹿 ●昆 ●塵

주11. 별 의 뜻[훈:訓]을 가진 한자.
주12. 사ᄉᆞᆷ 의 뜻[훈:訓]을 가진 한자.

●石 ●口 ●右 ●入

주13. ·입 의 뜻[훈:訓]을 가진 한자.
주14. 돓 의 뜻[훈:訓]을 가진 한자.

※ 다음 글의 ( )안에 알맞은 답을 쓰시오.
주15. 성음이 (   )로 말미암아서 생겨났다.
주16. 가운뎃소리는 자운의 가운데 놓여 첫소리, (   )와 합하여져 음을 이룬다.
주17. 소리는 어금니·혀·입술·이·목구멍에서 나오니, 첫소리 글자는 (   )이로다.

※ 다음 물음에 알맞은 답을 쓰시오.

〈보기〉 牙　舌　脣　(㉠)　喉
木　(㉡)　土　金　水

주18. 위 〈보기〉에서 (㉠)의 자음(子音)에 들어갈 해당하는 한자를 쓰시오.

주19. 위 〈보기〉에서 (㉡)의 오행에 들어갈 해당하는 한자를 쓰시오.

〈보기〉　·　ㅡ　ㅣ　ㅗ　ㅏ　ㅜ　ㅓ
ㅛ　ㅑ　ㅠ　ㅕ

주20. 위 〈보기〉 에 표기된 모음 중 초출자를 모두 쓰시오.

훈민정음 해설사 자격시험 예상문제(5회)

시행 : (사)훈민정음기념사업회

※ 다음 물음에 알맞은 답의 번호를 쓰시오.

1. 훈민정음 창제연도로 맞는 것은? (　　)

　①1446년　　　②1443년　　　③1448년

　④1441년　　　⑤1442년

2. 다음 중 훈민정음에 대한 설명이 바르지 못한 것은? (　　)

　①훈민정음 언해본은 본문만 수록되어 있다.

　②훈민정음의 모음은 11자이다.

　③훈민정음의 자음은 17자이다.

　④세종대왕이 한글을 창제했다.

　⑤최초의 훈민정음 해례본은 안동에서 발견되었다.

3. 다음 중 세종대왕에 대한 설명으로 바른 것은? (　　)

　①여러 가지 병에 시달려서 학문을 게을리 하였다.

　②고려에서 신하로 일하다가 왕위에 올랐다.

　③집현전의 기능을 강화해 실제 이를 통해 모든 정무를 통괄했다.

　④측우기 등의 농사기구를 개량하여 농경 사회를 장려했다.

　⑤민족 역사상 가장 찬란한 시대를 열었다.

4. 조선 시대의 식자층에서 『훈민정음』을 낮잡아 이르던 말을 두 개 고르시오.(　)

　①정음　　　②언문　　　③암클

　④아햇글　　⑤언자

5. 훈민정음 창제 당시 반대 상소를 올린 대표적인 인물은? (　　)

　①신숙주　　②정인지　　③최만리

　④성삼문　　⑤최항

6. 다음 중 국보 70호 『훈민정음 해례본』에 대한 설명이 바르지 않은 것은? (　　)

　①전권 33장 1책으로 구성되어 있다.

　②간송미술관에 소장되어 있다.

　③「어제 서문」은 서예가 이용준의 글씨로 보수되었다.

　④광산 김씨 안동 종가의 긍구당 서고에 보관되어 있었다.

　⑤경북 상주에서 배익기씨가 발견했다.

7. 다음 중 '언문'에 대한 설명이 바르지 않은 것은? (　　)

　①주로 백성들이 일상적으로 쓰는 글이라는 뜻이다.

　②훈민정음을 제작한 학자들이 표현한 이름이다.

　③한자에 대해서 우리 말을 낮게 본 데서 비롯된 이름이다.

　④언해나 언서라는 것도 언문에서 비롯된 표현이다

　⑤항간에서 떠돌며 쓰이는 속된 말이라는 뜻이다.

8. 전형필이 훈민정음해례본을 구입시 몇 쪽이 낙장되어 있었는가? (　　)

　①1쪽　　　②2쪽　　　③3쪽

　④4쪽　　　⑤5쪽

9. 다음 중 훈민정음 해례본의 내용과 관련이 없는 것은? (　　)

　①사서해　　②초성해　　③합자해

　④종성해　　⑤용자례

10. 다음의 설명과 관련이 있는 인물은?(　　)

훈민정음 해설사 자격시험 예상문제(5회)

시행 : (사)훈민정음기념사업회

집현전 학사로서 세종과 문종의 깊은 총애를 받았을 뿐 아니라, '집대성'이라는 칭호를 받았다는 기록이 보인다.
①성삼문　②신숙주　③박팽년
④이개　⑤강희안

11. 다음 중 자음 'ㅍ'의 이름이 바르게 표기된 것은? (　　)
①피읍　②피을　③피응
④피읖　⑤피읏

12. 다음 중 자음 'ㅁ'의 이름이 바르게 표기된 것은? (　　)
①미음　②미응　③미읍
④민음　⑤미엄

13. 다음 중 자음 'ㅿ'의 이름이 바르게 표기된 것은? (　　)
①옛치음　②반시옷　③반치음
④옛시옷　⑤세모

14. 다음 중 자음 'ㄱ'의 이름이 바르게 표기된 것은? (　　)
①기윽　②그역　③기억
④기윽　⑤기역

15. 다음 중 자음 'ㅅ'의 이름이 바르게 표기된 것은? (　　)
①시읕　②시옷　③시읏
④시욷　⑤시읏

※ 다음 물음에 알맞은 답의 번호를 쓰시오.

〈보기〉ㅊ는 (㉠)니 (㉡)의 자 처음 피어나는 소리 같으니라

16. 〈보기〉의 글에서 ㉠에 들어갈 알맞은 말은? (　　)
①혓소리　②입술소리　③잇소리
④어금니소리　⑤목구멍소리

17. 〈보기〉의 글에서 ㉡에 들어갈 알맞은 한자는? (　　)
①交　②夏　③明
④侵　⑤冬

〈보기〉ㅎ는 (㉠)니 (㉡)의 자 처음 피어나는 소리 같으니라

18. 〈보기〉의 글에서 ㉠에 들어갈 알맞은 말은? (　　)
①목구멍소리　②잇소리　③혓소리
④입술소리　⑤어금니소리

19. 〈보기〉의 글에서 ㉡에 들어갈 알맞은 한자는? (　　)
①左　②上　③刀
④右　⑤虛

〈보기〉ㅿ는 (㉠)니 (㉡)의 자 처음 피어나는 소리 같으니라

20. 〈보기〉의 글에서 ㉠에 들어갈 알맞은 말은? (　　)
①반혓소리　②반잇소리　③목구멍소리
④잇소리　⑤입술소리

21. 〈보기〉의 글에서 ㉡에 들어갈 알맞은 한자는? (　　)
①國　②舌　③目
④穰　⑤齒

시행 : (사)훈민정음기념사업회

<보기> ㅣ와 ㅏ와 ㅓ와 ㅑ와 ㅕ는 (   )
부터 쓰라.

22. <보기>의 글에서 (   )에 들어갈 알맞은 말은? (   )

①오른쪽   ②왼쪽   ③윗쪽
④아랫쪽   ⑤가운데

<보기> 어금니와 혀와 입술과 목구멍소리 의 글자는 (   ) 소리에 통해 쓰느니라.

23. <보기>의 글에서 (   )에 들어갈 알맞은 말은? (   )

①일본   ②몽골   ③중국
④인도   ⑤여진

---

24. 다음 중 언해본 당시 '戌' 자의 독음으로 바른 것은? (   )

①홉   ②숨   ③쯤
④뿡   ⑤둏

---

25. 다음 중 언해본 당시 '洪' 자의 독음으로 바른 것은? (   )

①쌍   ②침   ③업
④즉   ⑤薯

※ **다음 글을 읽고 물음에 답하시오.**

(가) 世·솅 宗종 御·엉 製·졩 訓·훈 民민
正·정 音흠
나 ·랏 :말 쓰 ·미 ㉠中듕 國·귁 ·에 달 ·아
文문 字·쭝 ·와 ·로 서르 ㉡스 뭇 ·디 아
·니 홀 ·씨 ·이 런 젼 ·츠 ·로 ㉢어 ·린 百·빅
姓·셩 ·이 니 르 ·고 ·져 ·홇 ·배 이 ·셔 ·도
ㅁ ·촘 :내 제 ·쁘 ·들 ㉣시 ·러 펴 ·디 :몯
홇 ㉤노 ·미 하 ·니 ·라 ·내 ·이 ·롤 為·윙 ·ㅎ
·야 :어 엿 ·비 너 ·겨 ·새 로 ㉥·스 ·믈 여 ·
듫 字·쭝 ·를 밍 ·ㄱ 노 ·니 :사 ·룸 :마 ·다 :
히 ·여 :수 ·비 니 ·겨 ·날 ·로 ㉦·뿌 ·메 便뼌
安한 ·킈 ㅎ ·고 ·져 ·홇 ぐ ·룹 ·미 니 ·라

---

26. (가)에 대한 설명으로 바르지 <u>않은</u> 것은?

①문자 창제의 의의를 밝히고 있다.
②한자의 난해함에 대한 비판이 담겨 있다.
③임금이 백성을 사랑하는 마음이 담겨 있다.
④문화적 자립을 이루려는 의지가 드러나 있다.
⑤문화의 대중화와 보편화를 시도한 노력이 담겨 있다.

---

27. (가)의 표기상 특징으로 옳지 <u>않은</u> 것은?

①끊어적기 규정을 철저히 지킨다.
②소리나는 대로 적는 것을 원칙으로 한다.
③소리의 높낮이를 방점으로 표시한다.
④된소리가 등장하기 시작하였다.
⑤한자음을 중국어 원음에 가깝도록 표기하고 있다.

---

28. 다음 중 그 의미가 변화된 말로만 짝지어진 것은? (   )

①서르, 어린   ②젼츠, 어엿비
③노미, 젼츠   ④어린, 노미
⑤어엿비, 수비

---

29. (가)의 글을 <u>잘못</u> 이해한 학생은? (   )

①가영 : 세종대왕은 백성을 아끼고 사랑하는 사람이었나 봐.
②나영 : 중국의 글자가 우리 나라의 말을 표현하는 데 적절하지 않았나봐.
③다영 : 훈민정음은 의사소통을 편하게 하기 위한 실용정신의 소산이기도 하군.
④사영 : 세종대왕이 직접 훈민정음을 만들었다는 사실이 이 글 속에 드러나 있군.
⑤아영 : 훈민정음으로 표현하기 힘든 말들은 한자를 병행하여 표현할 수 밖에 없었나봐.

훈민정음 해설사 자격시험 예상문제(5회)

시행 : (사)훈민정음기념사업회

30. 윗글의 표기상의 특징으로 적절하지 않은 것은? (　　)
   ①음가 없는 ‘ㅇ’가 사용되었다.
   ②띄어쓰기가 이루어지지 않고 있다.
   ③이어적기와 끊어적기가 비슷한 비율로 사용되었다.
   ④모음조화가 현대어에 비해 철저하게 지켜지고 있다.
   ⑤동국정운식 한자음 표기로 현실음보단 이상음을 나타내고 있다.

31. ㉠~㉤을 현대어로 풀이할 때 적절한 것은? (　　)
   ①㉠ - 중국에서　②㉡ - 사로잡지
   ③㉢ - 나이가 적은　④㉣ - 능히
   ⑤㉤ - 놈들이

32. 글 (가)의 밑줄 친 ㉥에 속하는 음운들로 짝지어진 것은? (　　)
   ①ㄱ, ㅸ, ㅿ　②ㅓ, ㆆ, ㄸ
   ③ㄷ, ㆍ, ㆀ　④ㅋ, ㅑ, ㅱ
   ⑤ㅣ, ㅏ, ㆁ

33. 다음 중 ㉦에 해당하는 한자로 바른 것은? (　　)
   ①書　②用　③苦
   ④掃　⑤費

34. 글 (가)의 밑줄 친 〈㉥스·믈〉은 현대어와 비교했을 때 어떤 현상이 일어나지 않은 것인가? (　　)
   ①자음동화　②음운축약
   ③원순모음화　④구개음화
   ⑤두음법칙

35. 다음 중 어휘에 대한 설명으로 잘못된 것은? (　　)
   ①듕·귁에 - ‘에’에는 비교의 뜻이 있다.
   ②ᄉᆞᄆᆞᆺ·디 - 기본형은 ‘ᄉᆞᄆᆞᆾ다’ 이다
   ③·ᄠᅳ·들 - 모음조화에 따라 조사가 쓰였다.
   ④:어엿·비 - 주체는 ‘내(世宗)’ 이다.
   ⑤니·겨 - ‘익히다(習)’의 옛말로 동사이다.

※ 다음 물음에 알맞은 답의 번호를 쓰시오.

〈보기〉 (㉠) 11년 9월 상한, 자헌대부 예조판서 (㉡) 대제학 지춘추관사 세자우빈객, 신 (　　)는 두 손 모아 절하고 머리 조아려 삼가 씁니다.

36. 〈보기〉의 글에서 ㉠에 들어갈 알맞은 말은? (　　)
   ①전통　②조선　③세종
   ④대한　⑤정통

37. 〈보기〉의 글에서 ㉡에 들어갈 알맞은 말은? (　　)
   ①강녕전　②인정전　③집현전
   ④근정전　⑤사정전

38. 〈보기〉의 글에서 ㉢에 들어갈 알맞은 말은? (　　)
   ①신숙주　②정인지　③성삼문
   ④강희안　⑤박팽년

39. ‘당대 관리에게 열흘마다 하루씩 목욕 휴가를 준 데서 유래’한 단어를 보기에서 고르시오. (　　)
   ①상순　②하한　③상금
   ④상한　⑤중순

시행 : (사)훈민정음기념사업회

40. 다음 중 「정인지 서문」의 내용에 대한 설명이 바르지 <u>않는</u> 것은?
 ①훈민정음과 세종을 찬양하기 위한 목적으로 썼다.
 ②한자음 표기법으로써 훈민정음을 사용하게 되었다는 것을 밝혔다.
 ③공문서에 이두 대신 훈민정음을 사용하여야 한다는 것을 주장했다.
 ④ '언문(훈민정음) 창제 반대 상소문' 에 대한 반론의 성격을 띠고 있다.
 ⑤한문 서적의 풀이를 훈민정음으로 표기할 수 있다는 점을 강조했다.

※ 다음 물음에 알맞은 답의 번호를 쓰시오.
41. 다음의 '사·비, 드·븨' 에 사용하는 예로 든 글자는? (   )
 ①ㅅ   ②ㅸ   ③ㅂ
 ④ㄷ   ⑤ㅇ

42. 다음 중 슈룹의 뜻으로 바른 것은?(   )
 ①나무열매   ②물길   ③우박
 ④우산   ⑤눈썰매

※ 다음 물음에 알맞은 한자를 보기에서 골라 그 번호를 쓰시오.

| <보기> | ①炭 | ②雄 | ③棺 | ④燕 | ⑤板 |

43. 널 (   )   44. 슛 (   )
45. 져비 (   )

| <보기> | ①炬 | ②地 | ③他 | ④住 | ⑤柱 |

46. 짜 (   )   47. 해 (   )
48. 긷 (   )

※ 다음 물음에 알맞은 답의 번호를 쓰시오.
49. 다음 중 '들어지면서 굳세지니 가을이다' 의 뜻에 알맞은 단어는? (   )
 ①거성   ②평성   ③상성
 ④입성   ⑤풍성

50. 다음 중 酉아의 뜻으로 바른 것은?(   )
 ①닭뼈   ②유시(酉時)   ③달걀
 ④술단지   ⑤달이 뜰 때

※ 다음 물음에 알맞은 답의 번호를 쓰시오.

<보기>
君자의 초성은 어금닛소리 (㉠)이다.
那자의 초성은 혓소리 (㉡)이다.
彆자의 초성은 입술소리 (㉢)이다.
邪자의 초성은 잇소리 (㉣)이다.
洪자의 초성은 목구멍소리 (㉤)이다.

51. <보기>의 글에서 ㉠에 들어갈 초성으로 바른 것은? (   )
 ①ㅋ   ②ㄱ   ③ㄲ
 ④ㅈ   ⑤ㅊ

52. <보기>의 글에서 ㉡에 들어갈 초성으로 바른 것은? (   )
 ①ㄷ   ②ㄸ   ③ㄴ
 ④ㅌ   ⑤ㅁ

53. <보기>의 글에서 ㉢에 들어갈 초성으로 바른 것은? (   )
 ①ㅂ   ②ㅍ   ③ㅃ
 ④ㅎ   ⑤ㄲ

시행 : (사)훈민정음기념사업회

54. <보기>의 글에서 ㉣에 들어갈 초성으로 바른 것은? (   )

①ㆅ   ②ㅅ   ③ㅇ
④ㅉ   ⑤ㅆ

55. <보기>의 글에서 ㉤에 들어갈 초성으로 바른 것은? (   )

①ㆆ   ②ㅇ   ③ㆆ
④ㆅ   ⑤ㅇ

※ 다음 물음에 알맞은 답의 번호를 쓰시오.

> <보기> 卽자의 중성은 (㉠)이다.
>   呑자의 중성은 (㉡)이다.
>   漂자의 중성은 (㉢)이다.
>   卽자의 중성은 (㉣)이다.
>   虛자의 중성은 (㉤)이다.

56. <보기>의 글에서 ㉠에 들어갈 중성으로 바른 것은? (   )

①ㅏ   ②ㅕ   ③ㅣ
④ㅑ   ⑤ㅠ

57. <보기>의 글에서 ㉡에 들어갈 중성으로 바른 것은? (   )

①·   ②ㅑ   ③ㅗ
④ㅜ   ⑤ㅐ

58. <보기>의 글에서 ㉢에 들어갈 중성으로 바른 것은? (   )

①ㅕ   ②ㅛ   ③ㅑ
④ㅐ   ⑤ㅜ

59. <보기>의 글에서 ㉣에 들어갈 중성으로 바른 것은? (   )

①ㅣ   ②ㄴ   ③ㅐ
④ㅡ   ⑤ㅑ

60. <보기>의 글에서 ㉤에 들어갈 중성으로 바른 것은? (   )

①ㅑ   ②ㅏ   ③ㅓ
④ㅜ   ⑤ㅗ

※ 다음 물음에 알맞은 답의 번호를 쓰시오.

> <보기> 첫소리는 발하여 움직이는 뜻이 있으니, (㉠)의 일이다. 종성은 그치고 정해지는 뜻이 있으니, (㉡)의 일이다. 가운뎃소리는 (㉢)가 생기는 것을 이어받아, 끝소리가 이루어주는 것을 이어주니, (㉣)의 일이다. 생각건대 자운의 핵심은 (㉤)에 있어, 첫소리와 끝소리를 합하여 소리를 이룬다.

61. <보기>의 글에서 ㉠에 들어갈 알맞은 말은? (   )

①땅   ②사람   ③하늘
④나무   ⑤물

62. <보기>의 글에서 ㉡에 들어갈 알맞은 말은? (   )

①땅   ②하늘   ③사람
④공기   ⑤바람

63. <보기>의 글에서 ㉢에 들어갈 알맞은 말은? (   )

①끝소리   ②가운뎃소리
③낮은소리   ④첫소리
⑤높은 소리

훈민정음 해설사 자격시험 예상문제(5회)

시행 : (사)훈민정음기념사업회

64. <보기>의 글에서 ㉣에 들어갈 알맞은 말은? (   )
① 하늘　　　　② 땅　　　　③ 쇠
④ 흙　　　　⑤ 사람

65. <보기>의 글에서 ㉤에 들어갈 알맞은 말은? (   )
① 첫소리　　② 가운뎃소리　③ 끝소리
④ 낮은 소리　⑤ 높은 소리

※ 다음 물음에 알맞은 답의 번호를 쓰시오.

> <보기> ·는 天 5이고 흙을 낳는 자리이다. ㅡ는 地 10이고 흙을 이루어내는 수이다. ㅣ만 홀로 자리와 수가 없는 것은, 아마 사람은 무극의 진리와 (㉠)오행의 정수가 묘하게 합하고 엉기어서, 본디 자리를 정하고 수를 이루어 냄으로써 논할 수 없음일 것이다. 이는 곧 가운뎃소리 가운데에도 또한 스스로 음양 · (㉡) · (㉢)의 수가 있음이다.

66. <보기>의 글에서 ㉠에 들어갈 알맞은 말은? (   )
① 음양　　　② 음지　　　③ 음성
④ 공양　　　⑤ 태양

67. <보기>의 글에서 ㉡에 들어갈 알맞은 말은? (   )
① 오성　　　② 오류　　　③ 오해
④ 실행　　　⑤ 오행

68. <보기>의 글에서 ㉢에 들어갈 알맞은 말은? (   )
① 사방　　　② 동방　　　③ 방위
④ 방어　　　⑤ 우방

69. '동양철학에서, 우주의 본체인 태극의 맨 처음 상태를 이르는 말' 이라는 뜻의 단어를 보기에서 고르시오. (   )
① 본디　　　② 자리　　　③ 진리
④ 무극　　　⑤ 또한

70. '사물의 중심이 되는 골자라는 의미'라는 뜻의 단어를 보기에서 고르시오.(   )
① 오행　　　② 정수　　　③ 아마
④ 음양　　　⑤ 천지

※ 다음의 보기는 훈민정음 창제 당시의 자음 순서이다. 물음에 알맞은 답의 번호를 보기에서 골라 쓰시오.

> ㄱ (㉠) ㆁ ㄷ (㉡) ㄴ ㅂ ㅍ (㉢) ㅈ (㉣)
> ㅅ (㉤) ㅎ ㅇ ㄹ ㅿ

71. 위 보기에서 ㉠에 들어갈 자음으로 알맞은 것은? (   )
① ㄴ　　　② ㄲ　　　③ ㆅ
④ ㅋ　　　⑤ ㅇㅇ

72. 위 보기에서 ㉡에 들어갈 자음으로 알맞은 것은? (   )
① ㅌ　　　② ㄸ　　　③ ㅃ
④ ㅃ　　　⑤ ㅄ

73. 위 보기에서 ㉢에 들어갈 자음으로 알맞은 것은? (   )
① ㅱ　　　② ㄹㅿ　　　③ ㅁ
④ ㅄ　　　⑤ ㅄ

74. 위 보기에서 ㉣에 들어갈 자음으로 알맞은 것은? (   )
① ㄿㅅ　　　② ㅊ　　　③ ㅅ
④ ㅄㄷ　　　⑤ ㅸ

시행 : (사)훈민정음기념사업회

75. 위 보기에서 ⑩에 들어갈 자음으로 알맞은 것은? (   )

① ㄹㅎ　　② ㄴㅅ　　③ ㅍㅎ

④ ㄹㅅ　　⑤ ㅎ

※ 다음 표 속의 (   )에 알맞은 답의 번호를 쓰시오.

자음	상형	가획	이체	오행	계절	방위
아음(어금니)	ㄱ	(ⓛ)	ㆁ	木	(ⓡ)	동
설음(혀)	ㄴ	ㄷ,ㅌ	ㄹ	(ⓒ)	여름	남
순음(입술)	ㅁ	ㅂ,ㅍ		土	늦여름	중앙
치음(이)	ㅅ	ㅈ,ㅊ	ㅿ	金	가을	(ⓜ)
후음(목구멍)	(ⓖ)	ㆆ,ㅎ		水	겨울	북

76. 위 보기에서 ㉠에 들어갈 내용으로 알맞은 것은? (   )

① ㅇ　　② ㄴㅿ　　③ ㆀ

④ ㄴㅅ　　⑤ ㅳ

77. 위 보기에서 ㉡에 들어갈 내용으로 알맞은 것은? (   )

① ㄹㅿ　　② ㄽㅅ　　③ ㅋ

④ ㅸ　　⑤ ㄹㅎ

78. 위 보기에서 ㉢에 들어갈 내용으로 알맞은 것은? (   )

① 山　　② 雨　　③ 川

④ 風　　⑤ 火

79. 위 보기에서 ㉣에 들어갈 내용으로 알맞은 것은? (   )

① 가을　　② 봄　　③ 늦가을

④ 여름　　⑤ 겨울

80. 위 보기에서 ⑩에 들어갈 내용으로 알맞은 것은? (   )

① 동　　② 남　　③ 중앙

④ 서　　⑤ 북

※ 다음 물음에 알맞은 답을 쓰시오.

㊐1. 훈민정음이 반포된 해는 언제인가?

㊐2. 훈민정음에서 '정음'의 뜻을 풀어 쓰시오.

㊐3. 국보 70호 훈민정음 해례본이 소장되어 있는 장소는?

㊐4. 훈민정음 자음 'ㄷ'의 이름을 정확하게 쓰시오.

㊐5. 훈민정음 자음 'ㄹ'의 이름을 훈몽자회에 표기된 한자로 쓰시오.

㊐6. '並書(병서)'의 뜻은?

㊐7. '君'의 가운뎃소리에 해당하는 모음을 쓰시오.

㊐8. '洪'의 첫소리에 해당하는 자음을 훈민정음 창제 당시의 표기법으로 쓰시오.

㊐9. 'ᄉᄆᆺ디'의 뜻을 현대어로 풀이하시오.

㊐10. '젼ᄎ로'의 뜻을 현대어로 풀이하시오.

훈민정음 해설사 자격시험 예상문제(5회)

시행 : (사)훈민정음기념사업회

※ **다음 물음에 알맞은 답을 보기에서 골라 쓰시오.**

● 紙 ● 泉 ● 低 ● 皐

㈜11. **:심** 의 뜻[훈:訓]을 가진 한자.

㈜12. **죠히** 의 뜻[훈:訓]을 가진 한자.

● 筆 ● 弓 ● 聿 ● 引

㈜13. **활** 의 뜻[훈:訓]을 가진 한자.

㈜14. **·붇** 의 뜻[훈:訓]을 가진 한자.

※ **다음 글의 (   )안에 알맞은 답을 쓰시오.**

㈜15. (   )이 초성으로 말미암아서 생겨났으므로 모라고 한다. (   )

㈜16. 가운뎃소리는 (   )의 가운데 놓여 첫소리, 끝소리와 합하여져 음을 이룬다.

㈜17. 정음의 글자는 오직 (   ) 글자일 뿐이지만, 얽힘을 찾아 밝히고, 깊고 미묘함을 탐구한 것이다.

※ **다음 물음에 알맞은 답을 쓰시오.**

〈보기〉	牙	舌	(㉠)	齒	喉
	木	火	土	金	(㉡)

㈜18. 위 〈보기〉에서 (㉠)의 자음(子音)에 들어갈 해당하는 한자를 쓰시오.

㈜19. 위 〈보기〉에서 (㉡)의 오행에 들어갈 해당하는 한자를 쓰시오.

〈보기〉 ㅏ ㅑ ㅓ ㅕ ㅗ ㅛ ㅜ ㅠ ·
ㅡ ㅣ

㈜20. 위 〈보기〉 속의 훈민정음 해례본에 표기된 모음 11자를 창제당시의 순서대로 쓰시오. (   )

☞ 수고하셨습니다.

훈민정음 해설사 자격시험 예상문제 **정답**

훈민정음 해설사 자격시험 예상문제 **1회** 정답

객관식 [80문항]

1.①	2.⑤	3.③	4.②
5.④	6.③	7.①	8.①

9.④ ☞①불교를 포교하기 위한 불교서적
　　②세조 재위 5년 1459년 간행
　　③석보상절
　　⑤신미대사가 아니라 세조

10.③	11.⑤	12.②	13.①
14.③	15.②	16.⑤	17.①
18.③	19.②	20.③	

21.③ ☞ 彆(활 뒤틀릴 별)　　22.①
23.⑤ ☞ 거성(去聲) : 가장 높은 소리
24.② ☞ 虯(규룡 규)
25.④ ☞ 呑(삼킬 탄)

26.②	27.③	28.⑤	29.④

30.① ☞ 易(쉬울 이) ②多(많을 다)
　　③使(하여금 사) ④習(익힐 습)
　　⑤愚(어리석을 우)

31.①	32.⑤	33.③	34.①
35.②	36.①	37.③	38.②
39.⑤	40.②	41.⑤	42.③

43.① ☞ 箕(키 기)　44.④ ☞ 鉅(톱 거)
45.② ☞ 蠟(밀 랍) ※其(그 기) 獵(사냥 렵)
46③ ☞ 隻(짝 척)　47① ☞ 隙(틈 극)
48.④ ☞ 筆(붓 필) ※滅(멸망할 멸) 着(붙을 착)
49.③　　50.⑤ ☞ 爲我愛人(위아애인)

51.④	52.①	53.③	54.②
55.⑤	56.①	57.③	58.⑤
59.②	60.④	61.④	62.⑤
63.③	64.②	65.①	66.⑤
67.①	68.③	69.④	70.②
71.②	72.③	73.①	74.⑤
75.④	76.⑤	77.①	78.②
79.④	80.③		

주관식 [20문항]

주1. 1443년
주2. 암클, 아햇글, 가갸글 ☞ 택일
주3. 최만리 ☞ 반대상소문 올린 사람들 :
　　최만리, 신석조 김문, 정창손, 신석조
주4. 옛이응
주5. 其役
주6. 보통으로 쓰는 속된 말.
주7. 一
주8. ㅇ
주9. 마침내
주10. 능히
주11. 柿(감 시)
주12. 硯(벼루 연)
　　☞ 現(나타날 현) / 市(저자 시)
주13. 地(땅 지)
주14. 酉(닭 유)
　　☞ 西(서녘 서) / 池(못 지)
주15. 자모
주16. 가운뎃소리
주17. 획
주18. 舌
주19. 金
주20. ㅗ, ㅏ, ㅛ, ㅑ

훈민정음 해설사 자격시험 예상문제 **2회** 정답

객관식 [80문항]

1.④　　　2.① ☞ 해례 : 제자해, 초성해,
중성해, 종성해, 합자해, 용자례(5해 1례)
3.②　　　4.③　　　5.⑤　　　6.①
7.④　　　8.②　　　9.③　　　10.⑤
☞ 강희안 세종의 처조카로 돈녕부 소속임.
11.③　　12.②　　13.①　　14.④
15.③　　16.⑤　　17.③
18.④ ☞ 快(쾌할 쾌)
19.① ☞ 呑(삼킬 탄)
20.②　　21.④ ☞ 漂(떠돌 표)
22.③　　23.⑤
☞ 상성 : 처음이 낮고 나중이 높은 소리.
24.① ☞ 挹(뜰 읍)　25.② ☞ 業(업 업)
26.⑤　　27.④　　28.②　　29.①
☞ 習(익힐 습)
30.③　　31.①　　32.②　　33.⑤
34.④　　35.⑤　　36.③　　37.②
38.④　　39.①　　40.⑤　　41.①
42.②　　43.⑤
☞ 繒(비단 증) 깁 : '비단' 의 고어
44.② ☞ 脅(옆구리 협) 녑 : '옆구리' 의 고어
45.④ ☞ 刀(칼 도) 갈 : '칼' 의 고어
※①曾(일찍 증) ③大(큰 대)
46.④ ☞ 鎌(낫 겸)
47.③ ☞ 薪(섶나무 신) 섭 : '섶' 의 고어
48.⑤ ☞ 鉏(호미 서)
※ ①新(새 신) ②嫌(싫어할 혐)
49.①
50.③ ☞ 爲人愛我(남이 나를 사랑한다.)
51.③　　52.⑤　　53.②　　54.④
55.①　　56.②　　57.④　　58.①
59.③　　60.⑤　　61.②　　62.①

63.⑤　　64.④　　65.③　　66.④
67.②　　68.⑤　　69.①　　70.③
71.⑤　　72.②　　73.④　　74.①
75.③　　76.④　　77.⑤　　78.③
79.①　　80.②

주관식 [20문항]

㉠1. 1940년
㉠2. 54자
㉠3. 세종대왕
㉠4. 여린히읗
㉠5. 尼隱
㉠6. 임금이 몸소 짓거나 만듦.
㉠7. ㅣ
㉠8. ㅇ
㉠9. 뜻을
㉠10. 하는 바가 있어도
㉠11. 月(달 월)
㉠12. 霜(서리 상)
☞ 石(돌 석) / 霧(안개 무)
㉠13. 時(때 시)
㉠14. 舌(혀 설)
☞ 寺(절 사) / 告(알릴 고)
㉠15. 첫소리
㉠16. 음
㉠17. 없다
㉠18. 喉
㉠19. 木
㉠20. ㅛ ㅑ ㅠ ㅕ

훈민정음 해설사 자격시험 예상문제 3회 정답

객관식 [80문항]

1.⑤   2.③   3.①   4.④

5.②   6.⑤ ☞ 1459(세조5)년 발간

7.① ☞ '조선글자'의 줄임말로 북한에서 훈민정음을 이르는 말.

8.③   9.④ ☞ 한글은 주시경이 이름붙임.

10.②   11.④   12.③   13.⑤

14.①   15.③   16.④

17.⑤ ☞ 業(업 업)   18.②

19.④ ☞ 那(어찌 나)   20.①

21.③ ☞ 彌(두루 미)   22.②

23.⑤   24.④ ☞ 斗(말 두)

25.① ☞ 快(쾌할 쾌)   26.②

27.③   28.①   29.③   30.④

31.②   32.④   33.②   34.⑤

35.① ☞ 耳(귀 이)

※ 어조사로 쓰일 경우 '~일 따름이다.'

36.⑤   37.③   38.①   39.②

40.④   41.④   42.⑤

43.② ☞ 虎(범 호)   44.⑤ ☞ 水(물 수)

45.① ☞ 銅(구리 동)

※ ③虔(정성 건) ④氷(얼음 빙)

46.① ☞ 舌(혀 설)   47.④ ☞ 引(끌 인)

48.③ ☞ 酉(닭 유)

※ ②告(알릴 고) ⑤弘(넓을 홍)

49.② ☞ 평성 : 가장 낮은 소리

50.①   51.①   52.④   53.⑤

54.③   55.②   56.③   57.②

58.④   59.⑤   60.①   61.①

62.⑤   63.③   64.②   65.④

66.③   67.④   68.①   69.⑤

70.②   71.③   72.⑤   73.②

74.④   75.①   76.②   77.④

78.①   79.③   80.⑤

주관식 [20문항]

주1. 네 번째 혹은 4대 왕

주2. 108자

주3. 전형필

주4. 반치음

주5. 非邑

주6. 어엿비 여기다(불쌍히 여기다)

주7. ㅋ

주8. ㅿ

주9. 하여금

주10. 만드노니

주11. 奴 ☞ 奴(종 노)

주12. 柳 ☞ 柳(버들 류)

※ 卯(넷째 지지 묘) / 如(같을 여)

주13. 土

주14. 釘

※ 丁(넷째 천간 정) / 士(선비 사)

주15. 자모

주16. 첫소리

주17. 입술가벼운소리(脣輕音, 순경음)

주18. ㆄ

주19. 土

주20. ·, ㅡ, ㅣ

훈민정음 해설사 자격시험 예상문제 **4회** 정답

객관식 [80문항]

1.① 2.② 3.④ 4.③
5.⑤ 6.① 7.④ 8.②
9.③ ☞ 본문 : 7행 매행 11자, 해례 : 8행 매행 13자, 정인지 서문 : 매행 12자
10.⑤ 11.① 12.③ 13.②
14.① 15.③ 16.① 17.③
18.⑤ 19.② ☞ 挹(뜰 읍)
20.④ 21.① ☞ 閭(이문 려)
22.⑤ 23.③ 24.② ☞彆(활 뒤틀릴 별)
25.④ ☞ 穰(볏짚 양) 26.⑤ 27.③
28.④ 29.① ☞ 使(하여금 사)
30.② 31.⑤ 32.① 33.③
34.② 35.① ☞ 말 : 상성(처음이 낮고 나중이 높은 소리.)
36.⑤ 37.② 38.① 39.④
40.③ ☞ 해례본의 저술자는 정인지 등 8명
41.③ 42.① 43.③ ☞ 籬(울타리 리)
44.④ ☞ 牛(소 우) 45.② ☞ 綜(잉아 종)
　　 ※ 離(떼놓을 리) / 午(일곱째 지지 오)
46.③ ☞ 時(때 시) 47.⑤ ☞ 釣(낚시 조)
48.① ☞ 穀(곡식 곡)
　　 ※ 杓(자루 표)/寺(절 사)
49.④ 50.④ 51.⑤ 52.②
53.④ 54.① 55.③ 56.④
57.⑤ 58.③ 59.① 60.②
61.⑤ 62.① 63.③ 64.②
65.④ 66.② 67.④ 68.①
69.⑤ ☞ 영장(靈長 : 신령 영, 길 장)
70.③ 71.① 72.④ 73.⑤
74.③ 75.② 76.③ 77.②
78.④ 79.⑤ 80.①

주관식 [20문항]

㋐1. 70호
㋐2. 백성을 가르친다.
㋐3. 1997년
㋐4. 치웆
㋐5. 時衣
㋐6. 처음 피어나는 소리
㋐7. ㅏ
㋐8. ㅅ
㋐9. 다르다
㋐10. 사용하다(쓰다)
㋐11. 星 ☞ 별 성
㋐12. 鹿 ☞ 사슴 록
　　 ※ 是(옳을 시, 여름 하) / 塵(티끌 진)
㋐13. 口 ☞ 입 구
㋐14. 石 ☞ 돌 석
　　 ※ 右(오른쪽 우) / 入(들 입)
㋐15. 첫소리
㋐16. 끝소리
㋐17. 열일곱
㋐18. 齒
㋐19. 火
㋐20. ㅗ, ㅏ, ㅜ, ㅓ

훈민정음 해설사 자격시험 예상문제 5회 정답

객관식 [80문항]

1.②   2.④ ☞ 세종대왕이 창제한 것은 훈민정음이다.

3.⑤   4.③,④   5.③ ☞ 반대상소문 관련자 : 최만리, 신석조 김문, 정창손, 신석조

6.⑤   7.② ☞ 사대모화에 젖은 사대부들을 중심으로 훈민정음을 비하한 이름이다.

8.④   9.① ☞ 해례 : 제자해, 초성해, 중성해, 종성해, 합자해, 용자례(5해 1례의 뜻)

10.③   11.④   12.①   13.③

14.⑤   15.②   16.③   17.④

18.①   19.⑤ ☞ 虛(빌 허)

20.②   21.④ ☞ 穰(볏짚 양)

22.①   23.③   24.② ☞ 戌(개 술)

25.⑤ ☞ 洪   26.②   27.①

28.④   29.⑤   30.③   31.④

32.⑤   33.② ☞ 用

※①書(쓸 서)③苦(쓸 고)④掃(쓸 소)⑤費(쓸 비)

34.③ ※①자음동화(子音同化) 음절 끝 자음이 그 뒤에 오는 자음과 서로 만나 동화해서 그 소리가 바뀌는 현상. 닿소리이어바뀜.
③원순모음(圓脣母音) 발음할 때에 입술을 둥글게 오므려 내는 모음《ㅗ·ㅜ·ㅚ·ㅟ 등》
④구개음화(口蓋音化) 구개음이 아닌 자음이 모음 'ㅣ'나 반모음 'ㅣ' 앞에서 구개음으로 변하는 현상.
⑤두음 법칙(頭音法則) 단어의 첫머리가 다른 음으로 발음되는 일. 첫소리의 'ㄹ'과 이중 모음 앞의 'ㄴ'이 각각 'ㄴ'과 'ㅇ'으로 발음됨.

35.⑤   36.⑤ ☞ 정통(正統) : 중국 명나라 6대 황제인 정통제때의 연호.

37.③   38.②

39.④ ☞ 상한(上澣빨 한) : 한 달 가운데 1일에서 10일까지의 동안.   40.①

41.② ☞ ㅸ(ㅂ순경음)   42.④

43.⑤ ☞ 板   44.① ☞ 炭

45.④ ☞ 燕   ※②雄 ③棺

46.② ☞ 地   47.① ☞ 炬

48.⑤ ☞ 柱   ※③他(다를 타) ④住(살 주)

49.① ☞ 거성(去聲) 가장 높은 소리.

50.② ☞ 유시(酉時) : 이십사시의 열아홉째 시(오후 5시 반부터 6시 반까지).

51.②   52.③   53.①   54.⑤

55.④   56.⑤   57.①   58.②

59.④   60.③   61.③   62.①

63.④   64.⑤   65.②

66.① ☞ 음양(陰陽) 천지 만물을 만들어 내는 상반하는 성질의 두 가지 기운.

67.⑤ ☞ 오행(五行) 우주 만물을 이루는 金·木·水·火·土의 다섯 가지의 원소.

68.③   69.④ ☞ 무극(無極) 우주의 근원인 태극의 맨 처음 상태.

70.② ☞ 정수(精髓) 뼈의 속에 있는 골수.

71.④   72.①   73.③   74.②

75.⑤   76.①   77.③   78.⑤

79.②   80.④

주관식 [20문항]

주1. 1446년   주2. 바른 소리

주3. 간송미술관   주4. 디귿

주5. 梨乙   주6. 나란히 쓰다

주7. ㅜ   주8. ㆅ

주9. 통하지   주10. 까닭으로

주11. 泉 ☞ 샘 천   주12. 紙 ☞ 종이 지

주13. 弓 ☞ 활 궁   주14. 筆 ☞ 붓 필

주15. 성음(聲音)   주16. 자운(字韻)

주17. 스물여덟   주18. 脣

주19. 水

주20. · ㅡ ㅣ ㅗ ㅏ ㅜ ㅓ ㅛ ㅑ ㅠ ㅕ

훈민정음해설사 자격시험
기 출 문 제 지
(배정시간 90분)

수험번호		
성 명		
감 독		(확인)
점 수	1검	2검

문화체육관광부 소관 제2021-0007호

 사단법인 **훈민정음기념사업회**

www.hoonminjeongeum.kr

※ 다음 물음에 알맞은 답의 번호를 쓰시오.

1. 다음 중 훈민정음 반포연도로 맞는 것은? (   )

①1441년   ②1442년   ③1443년

④1446년   ⑤1448년

2. 다음 중 훈민정음에 대한 설명이 바르지 못한 것은? (   )

①28자를 이용한 병서·연서 문자와, 성조를 표시하는 방점이 쓰였다.

②창제 당시에는 28자였는데, 오늘날에는 26자만 쓰인다.

③음소문자이면서 음절문자의 성격을 동시에 갖는다.

④글자의 창제과정에는 집현전 학자들의 연구가 뒷받침되었다.

⑤서문에 자주, 애민, 실용 정신이 반영된 세종의 어지가 실려 있다.

3. 다음 중 세종에 대한 설명으로 바르지 않은 것은? (   )

①휘는 도(祹), 자는 원정(元正), 아명은 막동이였다.

②1418년 22세의 나이로 즉위하였다.

③수준 높은 민족문화의 창달과 조선왕조의 기틀을 튼튼히 하였다.

④태종으로부터 왕위를 양위 받아 세종이라 칭하였다.

⑤1422년 재위 4년 만에 전권을 행사하게 되었다.

4. 훈민정음에서 「정음」의 뜻에 대한 설명으로 바른 것은? (   )

①곧은 소리   ②곧은 음악

③바른 소리   ④바른 음악

⑤정직한 소리

5. 국보70호 『훈민정음 해례본』이 소장 되어 있는 곳은? (   )

①박물관   ②규장각

③한글기념관   ④전쟁기념관

⑤간송미술관

6. 다음 도서 중 『훈민정음』과 관련이 없는 것은? (   )

①주자가례   ②동국정운

③석보상절   ④월인석보

⑤용비어천가

7. '언문(훈민정음) 창제 반대상소문'과 관련이 없는 인물은? (   )

①신석조   ②최만리   ③정창손

④신숙주   ⑤김문

8. 전형필이 훈민정음 해례본을 구입하기 위해 지불한 금액은? (   )

①1,000원   ②3,000원   ③5,000원

④10,000원   ⑤20,000원

9. 다음 중 훈민정음 해례본과 관련이 없는 것은? (   )

①광곽은 가로 16.8cm이고 세로 23.3cm이다.

②본문(예의) 부분은 4장 7면이다.

③전체적으로 매행 11자로 되어 있다.

④해례부분은 26장 51면 3행이다.

⑤정인지 서문은 3장 6면이다.

10. 다음 설명과 관련이 있는 인물은?( )

이두는 물론 중국어, 일본어, 몽골어, 여진어를 두루 구사하였으며, 훈민정음을 연구하는 과정에서 이들 언어를 분석하고 조선인의 발음과 비교 분석하여 유사점과 차이점을 가려내었다.

①정인지 ②성삼문 ③최항

④이선로 ⑤신숙주

※ 다음 물음에 알맞은 답의 번호를 쓰시오.

11. 다음 중 자음 'ㅌ'의 이름이 바르게 표기된 것은? ( )

①티읕 ②티윽 ③티읏

④티읒 ⑤티은

12. 다음 중 자음 'ㅇ'의 이름이 바르게 표기된 것은? ( )

①이은 ②이읏 ③이응

④이옹 ⑤니웅

13. 다음 중 자음 'ㅋ'의 이름이 바르게 표기된 것은? ( )

①키윽 ②키읔 ③키역

④키억 ⑤키웅

14. 다음 중 자음 'ㅁ'의 이름이 바르게 표기된 것은? ( )

①미음 ②미옹 ③미읍

④민음 ⑤미엄

15. 다음 중 자음 'ㆆ'의 이름이 바르게 표기된 것은? ( )

①여린히웅 ②어린히옿

③여린히읗 ④여린히읕

⑤여린히웃

〈보기〉 ㅈ는 (㉠)니 (㉡)의 자 처음 피어나는 소리 같으니라

16. 〈보기〉의 글에서 ㉠에 들어갈 알맞은 말은? ( )

①잇소리 ②혓소리

③입술소리 ④어금니 소리

⑤목구멍소리

17. 〈보기〉의 글에서 ㉡에 들어갈 알맞은 말은? ( )

①東 ②西 ③卽

④南 ⑤北

〈보기〉 ㆆ는 (㉠)니 (㉡)의 자 처음 피어나는 소리 같으니라

18. 〈보기〉의 글에서 ㉠에 들어갈 알맞은 말은? ( )

①입술소리 ②잇소리

③혓소리 ④목구멍소리

⑤어금니소리

19. 〈보기〉의 글에서 ㉡에 들어갈 알맞은 말은? (　　)

①車　　　　②把　　　　③方

④虛　　　　⑤包

〈보기〉 ㄹ는 (㉠)니 (㉡)의 자 처음 피어나는 소리 같으니라

20. 〈보기〉의 글에서 ㉠에 들어갈 알맞은 말은? (　　)

①반잇소리　②혓소리　③입술소리

④반혓소리　⑤잇소리

21. 〈보기〉의 글에서 ㉡에 들어갈 알맞은 말은? (　　)

①閭　　　　②母　　　　③父

④山　　　　⑤主

〈보기〉 ·와 ㅡ와 ㅗ와 ㅜ와 ㅛ와 ㅠ는 (　　) 아래 붙여 쓰라.

22. 〈보기〉의 글에서 (　　)에 들어갈 알맞은 말은? (　　)

①끝소리　　　　②낮은 소리

③높은 소리　　④가운뎃소리

⑤첫소리

〈보기〉 (　　)은 점 더함은 한가지로 되 빠르니라.

23. 〈보기〉의 글에서 (　　)에 들어갈 알맞은 말은? (　　)

①거성　　　②평성　　　③입성

④상성　　　⑤고성

24. 다음 중 언해본 당시 '彆' 자의 독음으로 바른 것은? (　　)

①군　　　②볋　　　③쫑

④튼　　　⑤끃

25. 다음 중 언해본 당시 '穰' 자의 독음으로 바른 것은? (　　)

①헝　　　②낭　　　③밍

④샹　　　⑤업

※ 다음 글을 읽고 물음에 답하시오.

(가) ·솅 종 ·엉 ·졩 ·훈 민 ·졍 흠
나 ·랏 :말 쏘 ·미 듕 ·귁 ·에 달 ·아
문 ·쫑 ·와 ·로 서 르 스 뭇 ·디 아 ·니
홀 ·씨 ·이 런 젼 ·츠 ·로 어 ·린 빅 ·셩
·이 니 르 ·고 ·져 ·훓 ·배 이 ·셔 ·도
ᄆᆞ ·춤 :내 제 ·ᄠ ·들 시 ·러 펴 ·디 :
몯 훓 ·노 ·미 하 ·니 ·라 ·내 ·이 ·를
윙 ·ᄒᆞ ·야 :어 엿 ·비 너 ·겨 새 ·로
㉠·스 ·믈 여 ·듧 ·ᄍᆞ ·를 밍 ·ᄀᆞ 노 ·니
:사 ·름 :마 ·다 ㉡:ᄒᆡ ·ᅇᅧ :수 ·비 니 ·겨
·날 ·로 ·ᄡᅮ ·메 뼌 한 ·킈 ᄒᆞ ·고 ·져 ᄒᆞᆯ
㉢·ᄯᆞᄅᆞ ·미 니 ·라

26. (가)에서 중세 국어를 현대어로 옮긴 것 중 잘못된 것은? (　　)

①니르고져(이르고자)

②ᄠᅳᆮ들(뜻을)

③펴디(펴지)

④스믈(스물)

⑤듕귁에(중국에)

27. (가)의 표기상의 특징으로 적당하지 않은 것은? (　　)

①연철 표기를 하였다.

②성조를 나타내는 있다.

③띄어쓰기를 하고 있다.

④어두에 자음군이 사용되었다.

⑤동국정운식 표기를 하고 있다.

28. 밑줄 친 ㉠중, 현재까지 소멸된 문자를 시대순으로 바르게 배열한 것은?(　　)

① · → ㆁ → ㅿ → ㆆ

② ㆁ → ㅿ → ㆆ → ·

③ ㆆ → · → ㆁ → ㅿ

④ ㆆ → ㅿ → ㆁ → ·

⑤ ㅿ → ㆁ → · → ㆆ

29. 다음 중 ㉡에 해당하는 한자로 바른 것은? (　　)

①使　　　　②便　　　　③史

④吏　　　　⑤更

30. 다음 중 낱말의 뜻이 현대에 와서 축소된 단어는? (　　)

①어린　　②노미　　③어엿비

④새로　　⑤날로

31. (가)에 대한 설명으로 바르지 않은 것은? (　　)

①문자 창제의 의의를 밝히고 있다.

②한자의 난해함에 대한 비판이 담겨 있다.

③임금이 백성을 사랑하는 마음이 담겨 있다.

④문화적 자립을 이루려는 의지가 드러나 있다.

⑤문화의 대중화와 보편화를 시도한 노력이 담겨 있다.

32. 다음 중 밑줄 친 ㉢에 해당하는 한자로 바른 것은? (　　)

①耳　　　　②矣　　　　③也

④用　　　　⑤而

33. 다음 중 그 의미가 변화된 말로만 짝지어진 것은? (　　)

①서르, 어린　　　②젼ᄎ, 어엿비

③노미, 젼ᄎ　　　④어린, 노미

⑤어엿비, 수비

34. 윗 글에서 글자 왼쪽에 찍힌 점에 대한 설명으로 적절하지 않은 것은? (　　)

①성조를 표시하는 역할을 한다.

②점이 없으면 소리를 낼 수 없다.

③단어의 의미를 분별하게 해 준다.

④근대국어 시기에는 사용하지 않았다.

⑤점의 개수로 소리의 높고 낮음을 알 수 있다.

35. 오른쪽 그림은 위의 본문 (가)의 실제 모습이다. 이 자료를 중세국어의 특징과 연관하여 설명한 내용으로 알맞은 것은? (　　)

① '나랏말ᄊᆞ미' 중 낮다가 높아지는 소리는 '말' 이다.

②가로쓰기와 구절 띄어쓰기에 입각하여 표기되었다.

③각 한자마다 그 한자의 중국 발음을 덧붙여 놓았다.

④ '·(아래아)'를 제외한 모든 글자가 현재까지 남아 있다.

⑤지금은 '世'를 [세]로 읽지만 조선인들은 [솅]으로 읽었다.

※ 다음 물음에 알맞은 답의 번호를 쓰시오.

<보기> 글자의 (㉠)으로는 맑고 흐린 소리를 능히 구별할 수 있고, 악가의 율려가 고르게 되며, 글을 쓰는 데 갖추어지지 않은 바가 없고, 이르러 통하지 못한 바가 없다. 비록 (㉡) 소리, 학의 울음소리, (㉢) 우는 소리, 개 짖는 소리일지라도 모두 적을 수가 있다.

36. <보기>의 글에서 ㉠에 들어갈 알맞은 말은? (　　)

①음　　②성　　③예
④의　　⑤운

37. <보기>의 글에서 ㉡에 들어갈 알맞은 말은? (　　)

①고함　　②바람　　③폭우
④호령　　⑤악기

38. <보기>의 글에서 ㉢에 들어갈 알맞은 말은? (　　)

①닭　　②새　　③매미
④아이　　⑤벌레

39. '우리나라 및 중국에서 음악이나 음성의 가락을 이르는 말'의 뜻에 맞는 단어를 고르시오. (　　)

①악가　　②성조　　③향약
④율려　　⑤가요

40. 다음 중 「정인지 서문」에 대한 설명이 바르지 않는 것은? (　　)

①훈민정음의 창제이유, 창제자, 훈민정음의 우수성을 밝혔다.

②『훈민정음 해례본』의 편찬자, 편찬 연월일을 분명히 밝혔다.

③해례본의 저술자가 정인지 등 6명이라고 하였다.

④훈민정음 해례본의 완성일을 알 수 있게 되었다.

⑤훈민정음은 1443년 겨울에 세종이 창제하였다는 것을 밝혔다.

사단법인 훈민정음기념사업회

※ 다음 물음에 알맞은 답의 번호를 쓰시오.

41. 다음의 '아ᅀᆞ, :너ᅀᅵ' 에 사용하는 예로 든 글자는? (　　)

① ㅇ　　　② ·　　　③ ㅿ

④ ㄴ　　　⑤ ㅓ

42. 다음 중 **브섭** 의 뜻으로 바른 것은? (　　)

① 부엌　　　② 부업

③ 부드러움　　　④ 부럽다

⑤ 부들부들

※ 다음 물음에 알맞은 한자를 보기에서 골라 그 번호를 쓰시오.

〈보기〉 ①離 ②綜 ③籬 ④牛 ⑤午

43. **울** (　　)　　　44. **쇼** (　　)

45. **이·아** (　　)

〈보기〉 ①穀 ②杓 ③時 ④寺 ⑤釣

46. **배** (　　)　　　47. **낛** (　　)

48. **낟** (　　)

※ 다음 물음에 알맞은 답의 번호를 쓰시오.

49. 다음 중 '화하면서 들어지니 여름이다.' 의 뜻에 알맞은 단어는? (　　)

① 평성　　　② 입성　　　③ 음성

④ 상성　　　⑤ 거성

50. 다음 중 **쏘다**의 뜻으로 바른 것은? (　　)

① 맛이 톡 쏘다.　　　② 쓰다.

③ 쏙 마음에 들다.　　　④ 그것을 쏜다.

⑤ 소를 몰다.

※ 다음 물음에 알맞은 답의 번호를 쓰시오

〈보기〉
業자의 초성은 어금닛소리 (㉠)이다.
那자의 초성은 혓소리 (㉡)이다.
彌자의 초성은 입술소리 (㉢)이다.
戌자의 초성은 잇소리 (㉣)이다.
欲자의 초성은 목구멍소리 (㉤)이다.

51. 〈보기〉의 글에서 ㉠에 들어갈 초성으로 바른 것은? (　　)

① ㄱ　　　② ㆅ　　　③ ㅇ

④ ㆆ　　　⑤ ㆁ

52. 〈보기〉의 글에서 ㉡에 들어갈 초성으로 바른 것은? (　　)

① ㄷ　　　② ㄴ　　　③ ㅋ

④ ㅌ　　　⑤ ㄸ

53. 〈보기〉의 글에서 ㉢에 들어갈 초성으로 바른 것은? (　　)

① ㅂ　　　② ㅍ　　　③ ㄲ

④ ㅁ　　　⑤ ㅃ

54. <보기>의 글에서 ㉣에 들어갈 초성으로 바른 것은? (   )

① ㅅ　　　② ㅊ　　　③ ㅆ

④ ㅈ　　　⑤ ㅉ

55. <보기>의 글에서 ㉤에 들어갈 초성으로 바른 것은? (   )

① ㆆ　　　② ㅎ　　　③ ㅇ

④ ㆅ　　　⑤ ㆁ

※ 다음 물음에 알맞은 답의 번호를 쓰시오.

> <보기> 君자의 중성은 (㉠)이다.
> 斗자의 중성은 (㉡)이다.
> 彆자의 중성은 (㉢)이다.
> 邪자의 중성은 (㉣)이다.
> 挹자의 중성은 (㉤)이다.

56. <보기>의 글에서 ㉠에 들어갈 중성으로 바른 것은? (   )

① ㅏ　　　② ·　　　③ ㅛ

④ ㅜ　　　⑤ ㄴ

57. <보기>의 글에서 ㉡에 들어갈 중성으로 바른 것은? (   )

① ㅗ　　　② ㅓ　　　③ ㅏ

④ ㅠ　　　⑤ ㅜ

58. <보기>의 글에서 ㉢에 들어갈 중성으로 바른 것은? (   )

① ㄴ　　　② ㅛ　　　③ ㅋ

④ ·　　　⑤ ㅠ

59. <보기>의 글에서 ㉣에 들어갈 중성으로 바른 것은? (   )

① ㅑ　　　② ㄴ　　　③ ㅛ

④ ㅣ　　　⑤ ㅏ

60. <보기>의 글에서 ㉤에 들어갈 중성으로 바른 것은? (   )

① ㅠ　　　② ㅡ　　　③ ㄴ

④ ㅏ　　　⑤ ㅐ

※ 다음 물음에 알맞은 답의 번호를 쓰시오

> <보기> 가운뎃소리는 무릇 열한 글자이다. (㉠)는 혀가 오그라져서 소리가 깊으니, 하늘이 자시(子時)에 열린 것이다. 모양이 둥근 것은 (㉡)을 본뜬 것이다. ㅡ는 혀가 조금 오그라져 소리가 깊지도 얕지도 않으니, 땅이 축시(丑時)에 열린 것이다. 모양이 평평한 것은 (㉢)을 본뜬 것이다. (㉣)는 혀가 오그라지지 않아 소리가 얕으니, 사람이 인시(寅時)에 생긴 것이다. 모양이 서 있음은 (㉤)을 본뜬 것이다.

61. <보기>의 글에서 ㉠에 들어갈 알맞은 자음은? (   )

① ㅡ　　　② ㅣ　　　③ ㅏ

④ ㄴ　　　⑤ ·

사단법인 훈민정음기념사업회

62. <보기>의 글에서 ㉡에 들어갈 알맞은 자음은? ( )

①하늘　　②사람　　③물
④불　　⑤땅

63. <보기>의 글에서 ㉢에 들어갈 알맞은 자음은? ( )

①쇠　　②하늘　　③땅
④사람　　⑤흙

64. <보기>의 글에서 ㉣에 들어갈 알맞은 자음은? ( )

①·　　②ㅣ　　③ㄴ
④ㅡ　　⑤ㅏ

65. <보기>의 글에서 ㉤에 들어갈 알맞은 자음은? ( )

①바람　　②하늘　　③흙
④사람　　⑤땅

※ 다음 물음에 알맞은 답의 번호를 쓰시오.

<보기> ㅛ, ㅑ, ㅠ, ㅕ가 모두 (㉠)을 겸한 것은, 사람이 만물의 영장으로 능히 (㉡)에 참여하기 때문이다. 하늘, 땅, 사람을 본뜬 것을 취하여 삼재의 (㉢)가 갖추어졌다.

66. <보기>의 글에서 ㉠에 들어갈 알맞은 말은? ( )

①동물　　②사람　　③바람
④짐승　　⑤나무

67. <보기>의 글에서 ㉡에 들어갈 알맞은 말은? ( )

①음성　　②음지　　③음악
④음양　　⑤태양

68. <보기>의 글에서 ㉢에 들어갈 알맞은 말은? ( )

①도리　　②도덕　　③도로
④순리　　⑤지리

69. '묘한 힘을 가진 우두머리' 라는 뜻에 맞는 단어를 고르시오. ( )

①만물　　②하늘　　③참여
④모두　　⑤영장

70. '하늘과 땅과 사람을 뜻' 하는 단어를 보기에서 고르시오. ( )

①사람　　②삼지　　③삼재
④능히　　⑤때문

※ 다음의 보기는 훈민정음 창제 당시의 자음 순서이다. 물음에 알맞은 답의 번호를 보기에서 골라 쓰시오.

자음	상형	가획	이체	오행	계절	방위
아음 (어금니)	ㄱ	ㅋ	ㆁ	(㉢)	봄	동
설음(혀)	ㄴ	ㄷ,ㅌ	ㄹ	火	여름	남
순음 (입술)	ㅁ	ㅂ,ㅍ		土	늦여름	(㉤)
치음(이)	(㉠)	ㅈ,ㅊ	ㅿ	金	가을	서
후음 (목구멍)	ㅇ	(㉡)		水	(㉣)	북

ㄱ ㅋ (㉠) ㄷ ㅌ (㉡) ㅂ (㉢) ㅁ ㅈ
ㅊ (㉣) ㆆ ㅎ ㅇ ㄹ (㉤)

71. 위 보기에서 ㉠에 들어갈 자음으로 알맞은 것은? (　)

① ㆁ　　　② ㅸ　　　③ ㅽ

④ ㄸ　　　⑤ ㄹㅿ

72. 위 보기에서 ㉡에 들어갈 자음으로 알맞은 것은? (　)

① ㄸ　　　② ㅱ　　　③ ㅥ

④ ㄴ　　　⑤ ㅄ

73. 위 보기에서 ㉢에 들어갈 자음으로 알맞은 것은? (　)

① ㅃ　　　② ㅥ　　　③ ㄽ

④ ㅹ　　　⑤ ㅍ

74. 위 보기에서 ㉣에 들어갈 자음으로 알맞은 것은? (　)

① ㅳ　　　② ㆀ　　　③ ㅅ

④ ㅥ　　　⑤ ㅍ

75. 위 보기에서 ㉤에 들어갈 자음으로 알맞은 것은? (　)

① ㄲ　　　② ㅿ　　　③ ㄼ

④ ㆅ　　　⑤ ㅵ

※ 다음 표 속의 (　)에 알맞은 답의 번호를 쓰시오.

76. 위 보기에서 ㉠에 들어갈 내용으로 알맞은 것은? (　)

① ㅍ　　　② ㄸ　　　③ ㅅ

④ ㄹㅿ　　　⑤ ㅃ

77. 위 보기에서 ㉡에 들어갈 내용으로 알맞은 것은? (　)

① ㅱ　　　② ㅎ　　　③ ㅄ

④ ㄲ　　　⑤ ㆅ

78. 위 보기에서 ㉢에 들어갈 내용으로 알맞은 것은? (　)

① 風　　　② 山　　　③ 雨

④ 木　　　⑤ 川

79. 위 보기에서 ㉣에 들어갈 내용으로 알맞은 것은? (　)

① 이른봄　　② 봄　　　③ 가을

④ 여름　　　⑤ 겨울

80. 위 보기에서 ㉤에 들어갈 내용으로 알맞은 것은? (　)

① 중앙　　　② 북　　　③ 남

④ 서　　　⑤ 동

10

사단법인 훈민정음기념사업회

※ 다음 물음에 알맞은 답을 쓰시오.

�койзначок1. 간송 미술관에 소장된 훈민정음 해례본은 국보 몇 호인가?

㈜2. 훈민정음에서 '훈민'의 뜻을 쓰시오.

㈜3. 훈민정음 해례본이 유네스코(UNESCO)에 세계기록유산으로 등재된 해는?

㈜4. 훈민정음 자음 'ㅊ'의 이름을 정확하게 쓰시오.

㈜5. 훈민정음 자음 'ㅅ'의 이름을 '훈몽자회'의 표기된 한자로 쓰시오.

㈜6. '初發聲(초발성)'을 풀이하시오.

㈜7. '覃'의 가운뎃소리에 해당하는 모음을 쓰시오.

㈜8. '戌'의 첫소리에 해당하는 자음을 쓰시오.

㈜9. 훈민정음어제서문 중 '나 ·랏 :말 ·미 듕 ·귁 ·에 달 ·아'에서 '달아'의 뜻을 현대어로 풀이하시오.

㈜10. '·뿌·메'의 뜻을 현대어로 풀이하시오.

※ 다음 물음에 알맞은 답을 보기에서 골라 쓰시오.

| • 星 | • 鹿 | • 昆 | • 塵 |

㈜11. **별** 의 뜻[훈:訓]을 가진 한자.

㈜12. **사슴** 의 뜻[훈:訓]을 가진 한자.

<div>• 入　• 右　• 石　• 口</div>	※ 다음 물음에 알맞은 답을 쓰시오.
㈜13. **·입** 의 뜻[훈:訓]을 가진 한자.	<div>〈보기〉　ㅿ ㄱ ㄴ ㄷ ㆁ ㄹ ㅁ ㅂ ㅅ ㅇ ㅈ ㅊ ㅎ ㅋ ㅌ ㅍ ㅎ</div>
	㈜18. 위 〈보기〉의 훈민정음 창제 당시 자음 17자 가운데 현재 사라진 글자를 모두 찾아 쓰시오.
㈜14. **·돌** 의 뜻[훈:訓]을 가진 한자.	
	㈜19. 위 〈보기〉에서 상형의 원리로 만들어진 자음을 모두 찾아 쓰시오.
※ 다음 글의 (　)안에 알맞은 답을 쓰시오.	
㈜15. 성음이 (　)로 말미암아서 생겨났다.	
	<div>〈보기〉　ㅏ • ㅣ ㅠ ㅓ ㅗ ㅑ ㅛ ㅜ ㅡ ㅕ</div>
㈜16. 가운뎃소리는 자운의 가운데 놓여 첫소리, (　)와 합하여져 음을 이룬다.	㈜20. 위 〈보기〉에 표기된 모음 중 초출자를 찾아 쓰시오.
㈜17. 소리는 어금니·혀·입술·이·목구멍에서 나오니, 첫소리 글자는 (　)이로다.	
	♣ 수고하셨습니다.

훈민정음해설사
자격시험 기출문제 모범답안

주관 : 사단법인 훈민정음기념사업회	수험번호		감독	㊞
	성 명			

객관식						주관식	
1	④	28	④	55	③	㊜1	70호
2	②	29	①	56	④	㊜2	백성을 가르치다
3	④	30	②	57	⑤	㊜3	1997년
4	③	31	②	58	③	㊜4	치읓
5	⑤	32	①	59	①	㊜5	時衣
6	①	33	④	60	②	㊜6	처음 피어나는 소리
7	④	34	②	61	⑤	㊜7	ㅏ
8	④	35	①	62	①	㊜8	ㅅ
9	③	36	⑤	63	③	㊜9	다르다
10	⑤	37	②	64	②	㊜10	사용하다
11	①	38	①	65	④	㊜11	星
12	③	39	④	66	②	㊜12	鹿
13	②	40	③	67	④	㊜13	口
14	①	41	③	68	①	㊜14	石
15	③	42	①	69	⑤	㊜15	첫소리
16	①	43	③	70	③	㊜16	끝소리
17	③	44	④	71	①	㊜17	열일곱
18	④	45	②	72	④	㊜18	△, ㆁ, ㆆ
19	②	46	③	73	⑤	㊜19	ㄱ, ㄴ, ㅁ, ㅅ, ㅇ
20	④	47	⑤	74	③	㊜20	·, ㅡ, ㅣ
21	①	48	①	75	②		
22	⑤	49	④	76	③		
23	③	50	④	77	②		
24	②	51	⑤	78	④		
25	④	52	②	79	⑤		
26	⑤	53	④	80	①		
27	③	54	①				

평가란	객관식	주관식	총점	재검	채점관
					㊞

문자 강국 대한국인의 자긍심을 심어주는
훈민정음해설사 자격시험 요강

전 세계에 존재하는 70여 개의 문자 중에서 유일하게 창제자·창제연도·창제원리를 알 수 있는 독창성으로 유네스코에 인류문화 유산으로 등재되어 세계에서 가장 우수한 문자로 인정받는 훈민정음에 대한 정확한 이론 실력을 갖춘 훈민정음해설사 자격시험을 다음과 같이 시행함.

1. 자격명칭 : 훈민정음해설사 자격시험

2. 자격종류 : 등록민간자격(제2021-003298호)

3. 자격등급 : 단일등급

4. 발급기관 : 사단법인 훈민정음기념사업회(이사장 박재성)

5. 검정과목 : • 훈민정음 해례본(본문, 제자해, 초성해, 중성해, 종성해, 합자해, 용자례, 서문)
　　　　　　 • 훈민정음 언해본
　　　　　　 • 훈민정음 일반상식

6. 출제문항 : 훈민정음 해례본, 훈민정음 언해본, 훈민정음 일반상식의 내용을 객관식(80문항)과 주관식(20문항) 총 100문항으로 객관식 시험문제는 5지선다형으로 출제

7. 합격기준 : • 필기시험으로 객관식은 문항 1점, 주관식은 문항 2점으로 계산
　　　　　　 • 점수 계산 결과 출제문항 총점의 60% 이상 득점자

8. 응시자격 : 나이, 학력, 국적, 성별과는 무관하게 누구나 응시 가능

9. 응시료 : 100,000원
　 • 응시료환불규정 : • 접수기간 내 ~ 접수마감 후 7일까지 ☞ 100% 환불
　　　　　　　　　　 • 접수마감 8일 ~ 14일까지 ☞ 50% 환불
　　　　　　　　　　 • 접수마감 15일 ~ 검정 당일까지 ☞ 환불 불가
　 • 응시료 입금처 : 새마을금고 9002-1998-5051-9 (사단법인 훈민정음기념사업회)

10. 검정문의 : T. 031-287-0225 F. 031-287-0226
　 • E-mail : hmju119@naver.com
　 • 홈페이지 : http://www.hoonminjeongeum.kr
　 • 기타 : 시험일시와 장소는 홈페이지에서 확인 가능

문화체육관광부 소관 제2021-0007호

 사단법인 훈민정음기념사업회

용인특례시 기흥구 강남동로 6, 그랜드프라자 401호

훈민정음 해설사 자격시험 응시원서

※ 수험번호란은 응시자가 기재하지 마세요.

수험번호				
성명	한글)	한자)		사진(3*4)
생년월일				
연락처		* 반드시 연락 가능한 전화번호로 기재하세요.		
E-mail	@			
집주소	우)			
응시종목	훈민정음 해설사 자격시험	응시급수	단일등급	
소속			* 대학명 또는 직업 기재	

위와 같이 사단법인 훈민정음기념사업회가 시행하는
제   회 훈민정음 해설사 자격시험에 응시원서를 제출합니다.

20   년   월   일

수험자 :   ㊞

사단법인 훈민정음기념사업회 귀중

- -

훈민정음 해설사 자격시험 수험표

수험번호		응시자성명	
자격종목	훈민정음 해설사	응시등급	단일등급
시험일시		문의전화	
시험장소			
주의사항	1. 수험생은 시험 시작 10분 전까지 입실 완료 바람. 2. 수험생 지참물 : 수험표, 신분증, 필기도구(검은색) 볼펜		

위와 같이 사단법인 훈민정음기념사업회가 시행하는
제   회 훈민정음 해설사 자격시험에 응시원서를 접수하였음을 확인함.

20   년   월   일

사단법인 훈민정음기념사업회 이사장

國之語音이
異乎中國ᄒᆞ야
나랏말ᄊᆞ미

異ᅌᅵᆼ乎ᅘᅩᆼ中듕國귁ᄒᆞ야

| 엮은이 소개 |

박재성 朴在成(호: 鯨山, 滿波, 夏川)

· 명예효학박사(성산효대학원대학교)
· 교육학(한문전공) 박사(국민대학교 대학원)
· 고려대학교 대학원 최고경영자과정 수료
· 전) 중국산동대학교 객원 교수
· 전) 서울한영대학교 교육평가원 원장
· 한국고미술협회 감정위원
· 훈민정음 신문 발행인
· 사단법인 훈민정음기념사업회 이사장 겸 회장
· 훈민정음 탑 건립 조직위원회 상임조직위원장
· 훈민정음 대학원 대학교 설립추진위원회 상임추진위원장
· 훈민정음 주식회사 대표이사
· 서울경기신문 / 새용산신문 / 4차산업행정뉴스 /
  경남연합신문 논설위원

수상 실적
· 국전 서예부문 특선 1회, 입선 2회(86~88)
· 무등미술대전 서예부문 4회 입특선(85~89) /
  전각부문 입특선(87~88)
· 한양미술대전 서예부문 대상(1987)
· 아세아문예 시 부문 신인상 수상(2015)
· 고려대학교 총장 공로패(2016)
· 대한민국문화예술명인대전 한시
  명인대상 2회 연속 수상(2016, 2017)
· 서울 국방부장관 감사장(2021)
· 제8군단 군단장 강창구 중장 감사장과 감사패(2021)
· 제15보병사단 사단장 김경중 소장 감사장(2022)
· 육군사관학교 교장 강창구 중장 감사패(2022)
· 육군참모총장 남영신 대장 감사장(2022)
· 육군참모총장 박정환 대장 감사장(2022)
· 지상작전사령부 사령관 전동진 대장 감사장(2022)
· 공군사관학교 교장 박하식 중장 감사장(2022)
· 제55보병사단 사단장 김진익 소장 감사장(2023)
· 한국을 빛낸 자랑스러운 한국인 대상(2023)
· 제5군단 군단장 김성민 중장 감사패(2023)
· 드론작전사령부 사령관 이보형 소장 감사장과 감사패(2023)
· 육군참모총장 박안수 대장 감사장(2024)
· 동원전력사령부 사령관 전성대 소장 감사패(2024)

작품 활동
· 성경 서예 개인전 2회(금호 미술관. 1986, 1988)
· CBS-TV방송 서예초대전(1984)
· 임진각『평화의종 건립기념』비문 찬(1999)

· 원폭 피해자 평화회관 건립 도서화전 초대 출품
  (서울, 동경 1990)
· 강원도 설악산 백담사『춘성대선사』비문 서(2009)
· 국방일보 〈한자로 쉽게 풀이한 군사용어〉 연재 중(2020~현재)
· 제8군단사령부 구호 휘호(2022)
· 드론작전사령부 창설부대명 휘호(2023)
· 육군훈련소 부대 구호 휘호(2024)
· 동원전력사령부 구호 휘호(2024)
· 제5군단 승진비문휘호(2024)

저서
· 서예인을 위한 한문정복요결(1989 국제문화사)
· 한자활용보감(2000 학일출판사)
· 한자지도 완결판(2004 이지한자)
· 성경이 만든 한자(2008 드림북스)
· 간체자 사전 2235(2011 도서출판 하일)
· 하오하오한자(순종편)(2011 도서출판 에듀코어)
· 매일성경한자(2011 도서출판 하일)
· 성경보감(2011 도서출판 나)
· 한자에 숨어 있는 성경 이야기(2011 도서출판 나)
· 신비한 성경 속 한자의 비밀(2013 가나북스)
· 크리스천이 꼭 알아야 할 맛있는 성경 상식(2013 가나북스)
· 재밌는 성경 속 사자성어(구약편)(2013 가나북스)
· 재밌는 성경 속 사자성어(신약편)(2013 가나북스)
· 노래만 부르면 저절로 외워지는 창조한자(2014 현보문화)
· 인성보감(2016 한국교육삼락회)
· 세종어제 훈민정음 총록(2020 문자교육)
· 특허받은 훈민정음 달력(2023 훈민정음 주)
· 훈민정음 경필쓰기(4급)(2024 가나북스)
· 훈민정음 경필쓰기(5급)(2024 가나북스)
· 훈민정음 경필쓰기(6·7·8급)(2024 가나북스)
· 소설로 만나는 세종실록 속 훈민정음(2024 가나북스)
· 훈민정음 언해본 경필쓰기(2024 가나북스)
· 훈민정음 해례본 경필쓰기(2024 가나북스)
· 손글씨 쓰기로 예쁜 글씨 도전하기(2024 훈민정음 주)
· 훈민정음 경필쓰기 검정과정 익히기(2024 훈민정음 주)
· 훈민정음 해설사 자격시험 예상문제집(2024 가나북스)
· 우리말로 찾는 정음자전(2024 가나북스)

엮은이와 소통
(사)훈민정음기념사업회 www.hoonminjeongeum.kr

○세계에서 유일하게 창제일 창제자 창제 원리가 알려진 문자로서 전 세계가 인정하는 백성을 가르치는 바른 소리 훈민정음을 기념하는 상징물이 국내에 없는 것을 안타까워하던 차에 각계각층의 뜻 있는 분들이 훈민정음탑건립조직위원회를 결성하게 되었다는 소식을 접하여 치하하는 바입니다. 세계의 문자사에 이정표가 될 훈민정음탑이 건립될수 있도록 작은 힘이나마 도움이 되도록 노력하겠습니다.

– 반기문 제8대 유엔사무총장

○백성을 지배하기 위해 만든 것이 아니라 백성들에게 사람다움을 가르치기 위하여 만들었을 뿐만 아니라 세상의 모든 소리를 담아낼 수 있는 완벽한 문자인 훈민정음의 창제정신을 상징할 수 있는 훈민정음탑을 전국의 초중고등학교 교정에도 건립하여 자라나는 2세들에게 훈민정음에 대한 올바른 이해와 자긍심을 심어줄 수 있도록 뜻있는 국민 여러분의 뜨거운 관심과 많은 참여를 기대합니다.

– 황우여 제56대 사회부총리 겸 교육부장관

○자신의 억울함을 표현하지 못하는 어리석은 백성들의 마음을 안타까이 여겨 문자를 창제한 세종대왕의 동상은 여러 곳에 세워졌지만, 정작 세계적으로 최고의 문자로 인정받는 훈민정음을 기념하는 상징물은 전무하다고 해도 과언이 아닐 것입니다. 그런데 이를 애석하게 여겨왔던 각계각층의 인사들이 뜻을 모아서 훈민정음 탑 건립 조직위원회를 결성하게 되었습니다. 우리가 건립할 훈민정음 탑이 후손들에게 자긍심을 심어주고, 세계인의 문자 이정표가 되기를 희망합니다.

– 정성구 전 총신대 총장